D1754579

Verena Liebers

Nestel

Mit einem Nachwort von
Univ.-Prof. Dr. med Christian Eggers

Dr. Verena Liebers
1961 in Berlin geboren, studierte Biologie in München. Seit 1990 lebt sie in Bochum. Verena Liebers konsequente Beobachtungsgabe und ihr literarisches Talent wurden mittlerweile mehrfach ausgezeichnet:

+ 2. Preis beim Poetensitz, 1999, Heidelberg
+ 1. Preis beim Literaturwettbewerb des Kulturfestivals in Minden, AG Die Fittinge, 2000
+ 1. Preis beim SALONline-Internet-Wettbewerb, 2000
+ 2. Preis beim Oberhausener-Literaturwettbewerb, 2002
+ 3. Preis beim Felsenland-Literaturpreis, 2003
+ 1. Preis beim Dorstener Lyrikwettbewerb, 2003
+ Unter den ersten vier Bewerbern des Mara Cassens Preises für den besten Debütroman, 2003
+ Stipendium als Stadtschreiberin von Otterndorf, 2005

Verena Liebers

NESTEL

Nestel Welt ist zerbrechlich. Sein Tagesablauf ist eingebettet in festgefügte Regeln, in denen Veränderungen nicht vorgesehen sind. Solange diese Regeln bestehen bleiben, ist Nestels Welt ungefährdet. Aber dann rettet er eines Tages bei seinem gewohnten Spaziergang einer jungen Frau das Leben. Eine Brücke, so Nestel, ist dazu da, um darüber zu gehen. Sie verbindet die eine Seite mit der anderen. Das ist der Grund, warum er die junge Frau daran hindert von der Brücke zu springen. Was Nestel nicht bedenkt: Mit der jungen Frau drängt sich eine zweite Welt in seinen Alltag, ein anderes Leben, das auch sein Leben verändert.

Nestel ist ein in seiner Ungewöhnlichkeit liebenswerter Außenseiter, eine Antifigur, ein Antistar in unserer uniformen, gesichtslosen Gesellschaft. Er hat Freude am Gewöhnlichen, Alltäglichen, Gegenwärtigen – er ist ein gegen-wärtiger Mensch. Darum sind seine Gedanken, seine Erkenntnisse über das Leben auch von entlarvender Einfachheit. Nestel ist die andere Seite unserer Gesellschaft.

SALON *Literatur*VERLAG

1. Auflage 10 / 2005
Copyright 2005 by SALON *Literatur*VERLAG
Alle Rechte vorbehalten. Kein Teil
des Werkes darf in irgendeiner Form
ohne Genehmigung des Verlags
reproduziert, vervielfältigt oder
verbreitet werden.

Umschlagmotiv: Fa. LayIn, München
www.LayIn.de
Lektorat: Franz Westner
Titelbild: Verena Liebers
Druck: Digital Print Group, München-Erlangen

SALON *Literatur*VERLAG
Westner & Gschwendtberger GbR
80687 München
Willibaldstraße 6
www.SALON*Literatur*VERLAG.de
E-Mail: info@SALON*Literatur*VERLAG.de

ISBN 3-9809635-2-7

Inselufer

Eine Insel ist etwas inmitten von etwas anderem,
allein.
Ein Ufer ist der Grenzbereich,
wo sich das eine und das andere begegnen.

Begegnung bedeutet Veränderung

Nestel

Die Begegnung

Eine Brücke ist dafür da, um darüber zu gehen. Sie verbindet die eine und die andere Seite.

Nestel lernt Cora an einem Mittwoch kennen. An einem Mittwoch Abend unter besonderen, vielleicht sollte man sagen, ungewöhnlichen Umständen. Sie treffen sich nicht in einem Cafe, flirten ein bisschen und kommen auf diese Weise ins Gespräch. Cafes sind nicht nach Nestels Geschmack. Seine Stammkneipe ist in dieser Hinsicht die einzige Ausnahme. Abgesehen davon, dass er dort auch nicht häufiger als alle sechs Wochen anzutreffen ist, ist der Raum sehr groß, die Tische stehen relativ weit auseinander. Viel weiter als in den üblichen Lokalen, in denen man nicht selten den Rücken des Tischnachbarn spürt, wenn man nur die Schultern dehnt. Das verabscheut Nestel. Außerdem findet er, dass dort zu viele Gerüche durcheinander wehen, nach Torte, Parfüm, Menschenschweiß. Nestel kann das, wenn überhaupt, nur ertragen, wenn es sonnig genug ist, um im Freien zu sitzen. Dann nimmt er am liebsten einen Platz ganz am Rand, beobachtet von dort aus die anderen Menschen oder den Milchschaum auf seinem Kakao.

Aber an diesem Mittwoch sitzt Nestel weder im Cafe, noch trinkt er Kakao. Er geht nur einfach spazieren, so wie er es täglich tut. Verlässlich wie ein Metronom, hat Frau Tördau festgestellt. Und Frau Tördau muss es wissen, denn sie wohnt im Haus gegenüber und hat das alles im Blick. Er geht wie immer von seinem Haus aus in Richtung Südwesten, durch die Schrebergartenkolonie zum Park, zu den Gerstenfeldern jenseits der Hauptstraße und auf die Eisenbahnbrücke. Das ist die einzige Stelle auf dieser Spazierrunde, von der aus man Richtung Stadtmitte sehen kann. Ein Kirchturm spitzt über die Häuserdächer, zwei Hochhäuser zerreißen die Silhouette der kleinen Stadt, Baumkronen ragen zwischen allen Gebäuden hervor und verbinden das Unverbundene von diesem Aussichtspunkt aus zu einer gemeinsamen Fläche. An diesem Tag, jenem Mittwoch Abend, steht auf der Eisenbahnbrücke eine junge Frau. Sie ist über das Geländer geklettert, obwohl ein Stacheldraht das verhindern soll. Der Stacheldraht ist aber schon alt und verbogen und an einigen Stellen zerrissen. Nun balanciert die Frau auf der anderen Seite des Zauns auf einem schmalen Sims, Nestel hat sie den Rücken zugewandt. Sie ist offensichtlich sehr auf den Abgrund vor sich, auf die Gleise, fixiert. In wenigen Sekunden muss der 18 Uhr Zug unter der Brücke durchfahren. Nestel zögert nicht lange. Er greift über das Geländer und den Stacheldraht, was ihm dank seiner Größe leicht gelingt, und packt die junge Frau mit beiden Händen an ihren schmalen Schultern. Sie schreit auf – offensichtlich hat sie ihn bis zuletzt nicht bemerkt. Sie wendet ihren Kopf um und sieht Nestel mit riesengroßen, wilden

Augen an, die wie magnetisierte Eisenbrocken unruhig in den Augenhöhlen hin- und herfliegen. Durch ihre Kopfwendung hat sie das Gewicht verlagert, sie stemmt ihre Füße noch gegen den Sims, aber ihr Oberkörper beugt sich gen Abgrund. Nur weil Nestels Pranken ihre Schultern umfassen, fällt sie nicht, sondern lehnt dort, so wie eine Tänzerin sich an den Tanzpartner lehnt, ehe sie ihre Pirouette dreht. In diesem Moment rauscht der Zug durch. Der kalte Fahrtwind schabt an Nestels Fingerknöchelchen, während seine Handflächen von den zarten Schultern gewärmt werden. Er steht da, festgewurzelt wie ein Baumstamm, rührt sich nicht, schlägt nur die Augen nieder, als ihn die tanzenden Eisenaugen treffen, drückt die Schultern mit unmissverständlicher Kraft, die kurz danach blaue Flecken auf den zarten Oberarmen zeichnen werden. Nachdem der Zug durchgefahren ist, verschiebt Nestel das Gleichgewicht der Dame, er zieht sie an das Geländer heran, hebt sie aber nicht darüber. Er geht nur soweit, dass sie eben wieder auf ihre Füße zu stehen kommt und er seine Hände wegnehmen kann, ohne dass sie ins Taumeln gerät. Reflexartig greift sie mit einer Hand nach dem Geländer. Daraufhin zieht Nestel seine kräftigen langen Arme vollständig zurück, murmelt: „Jetzt gibt es bloß noch gebrochene Knochen beim Stürzen." Er lässt die junge Frau dann einfach stehen. Er schimpft nicht, fragt nichts, weist sie nicht an, wieder auf die andere Seite des Zauns zu steigen. Er lässt sie einfach da stehen, an das Geländer geklammert, die Füße auf dem Sims balancierend. Er geht wieder weiter, huscht nur kurz mit seinem aschegrauen Blick über ihr Gesicht, ihre blasse Haut, ihre feurigen Augen, ihre schmalen, zittrigen Lippen, dann wendet er sich ab und geht, die Hände in den Hosentaschen vergraben, als wären sie niemals woanders gewesen als dort in den dunklen Höhlen seiner Cordjeans. Er hat genug getan, hat sich einem Menschen derartig genähert, wie es für seinen Charakter ganz ungewöhnlich ist. Aber doch ist es für Nestel logisch. Menschen haben zwar nur wenig Bedeutung für ihn, aber doch ist er überzeugt, dass sie eine wichtige Aufgabe haben, vielleicht nicht direkt für Nestel, aber doch überhaupt. Jeder Einzelne. Wenn sie tot sind, sind sie immer noch Menschen, aber solche, die ihre Pflicht nicht erfüllen, ihre Aufgabe lebendig zu sein. Deswegen hat Nestel dafür gesorgt, dass diese Frau auf der Brücke nicht in den Tod springt. *Wie* sie nun ihre Lebendigkeit gestaltet, ist allein ihre Sache, es interessiert Nestel nicht. Im Moment jedenfalls nicht. Ihn interessiert, dass alles seine Ordnung hat. Der Tod ist kein Teil von Nestels Ordnung. Er ist nur die Begrenzung, der Rahmen, der Widerspruch, an dem sich das Eigentliche verfängt.

Die Frau steht noch etwa zehn Minuten völlig regungslos auf dem Sims. Sie starrt die Straße entlang, auf der Nestel gekommen ist, betrachtet immer wieder die Pflastersteine, auf denen feine Staubwölkchen die Trockenheit mehrerer Sommertage verraten. Es kommen keine anderen Leute vorbei. Es ist Abend, nicht dunkel, aber doch schon spät genug. Die meisten Menschen sind jetzt zu Hause, essen, ruhen sich aus. Schließlich klettert die Frau sehr langsam, sehr bedächtig wieder auf die andere Seite. Sie lehnt sich von dort an das Geländer, lässt ihre Glutaugen über die Gleise wandern, bis der nächste Zug kommt, mit schnellem Tempo vorbei saust und ihre braunen, dünnen Haarsträhnen aus dem Gesicht bläst. Wenn man die junge Frau von unten betrachten würde, von der Perspektive des Zuges her, dann würde man sehen, dass sich ihre Lippen bewegen, sie formen ein kleines Lächeln, nur wenig, immerhin genug, um kleine Fältchen jenseits ihrer Nasenflügel und in ihren Augenwinkeln entstehen zu lassen. Aber das sieht niemand. Erst als sie sich ruckartig umdreht, um die Brücke zu verlassen, trifft ihr zaghaft lächelnder Blick auf ein Gegenüber. Ein kleiner Junge steht da, höchstens fünfjährig. Mit dicken rotblonden Locken und einer Stupsnase über breiten Kinderlippen. Sie hat sein Kommen nicht bemerkt, jetzt ist er kaum drei Meter von ihr entfernt. Er mustert ihr Gesicht, während er an einem Lutscher saugt, bis seine Mutter ihn eingeholt hat, ihn mit einer sanften Berührung an der Schulter zum Weitergehen motiviert. Für die Mutter sieht es so aus, als hätte die Frau auf der Brücke ihren Jungen angelächelt, so wie man Kinder eben anlächelt, über die man sich freut. Stolz streicht sie ihrem Sohn durch die hellen Locken, sichtlich davon überzeugt, dass es für andere Menschen keinen anderen Grund geben kann sich zu freuen als das pausbackige Gesicht ihres Jüngsten. „Komm schnell weiter, das Essen wartet", sagt die Mutter, nimmt ihren Sohn schließlich an die Hand, so als wolle sie ihre Zusammengehörigkeit noch einmal unterstreichen, und geht mit stolzem Mutterblick an der jungen Frau vorbei. Sie denkt nicht darüber nach, wieso diese Frau so müde am Brückengeländer lehnt, dort noch stehen bleibt, nachdem die Spaziergänger vorbei sind, obwohl es allmählich dämmrig wird. Die Mutter denkt über ihr Kind und das Abendessen nach, mehr Gedanken haben in ihrem Kopf in diesem Moment keinen Platz. Sie ist damit zufrieden, ihr Kind auch.

Nestel ist unterdessen weitergegangen, mit gleichmäßigen Schritten, ohne sich umzudrehen. Die Rettungsaktion lässt ihn jedoch nicht unberührt, das wäre nicht Nestel, wenn er eine Dame an den Schultern fassen könnte, noch dazu über einem Abgrund, ohne sich darüber aufzuregen. Aber im entscheidenden Moment hat Nestel die Nerven bewahrt, sich zumindest keine Aufregung anmerken lassen. Er hat gehandelt, ohne auch nur einen Augenblick zu zögern, zu zaudern, ohne das geringste Zittern in den Händen, im Gesicht oder irgendwo an seinem Körper. Nestel ist kein Mensch, der sich oft oder gar gerne in die Angelegenheiten anderer einmischt. Aber diese Situation ist eine Ausnahme, über die Nestel nicht erst nachdenken musste. Eine Brücke ist dafür da, um darüber zu gehen. Sie verbindet die eine und die andere Seite. Sie ist nicht gemacht, um davon in den Tod zu springen und damit alle Verbindungen zu lösen. Nestel ist in vielen Punkten unsicher, aber in diesem einen nicht. Deshalb hat er so schnell gehandelt. Ein Außenstehender würde sich nun vielleicht wundern, wieso Nestel jetzt, nach dieser mutigen Rettung, so schnell und wortlos weiter geht. Er hat nicht einmal den Versuch gemacht, mit der jungen Frau über ihr Vorhaben zu sprechen. Aber das ist eben nicht seine Art. Das Sprechen, das ist er nicht gewöhnt. Dafür bewegen sich seine Lippen jetzt in etwas unkontrollierter Art und Weise, fast wie ein Zittern, das zeitweise in ein Selbstgespräch mündet. Nestel ist sichtlich erregt, sein ovales Gesicht mit dem Relief aus Grübchen, Fältchen und abendlichem Bartstoppelansatz gestaltet sich jede Sekunde neu, wie Sanddünen, durch die der Wind bläst. Aber auch sein Gehen, seine Art sich zu bewegen, verändern sich, nachdem er sich einige Meter von der Brücke entfernt hat. Sein Gang verliert plötzlich die aufrechte Dynamik, sein ganzer Körper klappt in sich zusammen, als hätte jemand ein Drahtgestell aus ihm entfernt, das bis eben seinen Körper aufrecht gehalten hat. Nun weicht die Spannung, das Marschieren wird zu einem Wandern und Schlendern, schließlich ist es fast nur noch ein Stolpern. Seine Schultern sinken nach vorne, die Hände beginnen zu vibrieren und seine Augen rasen, ganz ähnlich den magnetisierten Eisenaugen der jungen Frau. Hätte ihn jetzt jemand angesehen, hätte derjenige vielleicht Angst bekommen, weil Nestel so erregt wirkte, so unkontrolliert, auch etwas aggressiv. Immer wieder ballt er die langen schmalen Finger zu Fäusten und sein Lippenzittern wird zu einem hörbaren Brummen. Aber es ist niemand da. Nestel geht allein entlang des Trampelpfads, an dessen Ende er die

Schrebergartenkolonie erreicht, dahinter die Straße mit seinem Haus. Frau Tördau bemerkt, dass er zur üblichen Zeit zu Hause ankommt. Sein schnelles Gehen zuletzt hat den Zeitverlust durch den Aufenthalt an der Brücke offensichtlich wieder ausgeglichen. Nestel schließt die Tür auf, dann sieht man wie gewöhnlich das Licht in seinem Wohnzimmer aufflammen, kurz darauf auch das in der Küche. Ein Zeichen, dass er sein Abendbrot zubereitet. Er denkt dabei noch etwas über das Erlebnis an der Brücke nach, über die junge Frau. Diese Begegnung an der Eisenbahnbrücke hat Nestels Routine einen Moment lang verwirrt, aber doch nicht ernsthaft gefährdet. Es ist für ihn klar, dass das Leben seltsam ist, dass Menschen unentwegt unverständliche Dinge tun. Er bemüht sich zu ordnen, was ihm möglich ist, ansonsten übt er sich in Geduld. Er macht in seinem Notizkalender, in dem er täglich das Wichtigste vermerkt, ein Zeichen, das diese Begegnung dokumentiert. Nestel schreibt immer mit grüner Tinte auf, wenn er einen Menschen getroffen hat. Da das nicht so häufig passiert, gibt es wenig grünen Text in seinem Kalender. Dann wendet er sich seinen Spiegeleiern zu. Nestel beschäftigt sich nicht gerne mit Vergangenem. Er hat mit der Gegenwart genug zu tun.

Der Spaziergang

Wer sich selbst nicht wichtig findet, macht seinen einzigen Besitz überflüssig.

„Nestel ist verrückt", sagen viele. Obwohl Nestel menschliche Kontakte eher meidet, reden in der kleinen Stadt relativ viele Leute über Nestel. Wer ihn kennen gelernt hat, reagiert verwundert, verunsichert. Da die meisten Menschen nicht gerne verunsichert werden, finden sie Nestel nicht unbedingt sympathisch. Um ihre Sicherheit wieder zu gewinnen, sprechen die Leute dann mit anderen, erzählen von dem Sonderling. So kommt es, dass viele schon von Nestel gehört haben, ohne ihn persönlich zu kennen. Am meisten wird kritisiert, dass er fast nicht spricht, obwohl seine Stimmbänder tadellos in Ordnung sind. Ein Kopfnicken oder -schütteln ist Nestels häufigste Ausdrucksweise, ohne dass dabei ein Laut über seine Lippen kommt. Das ist nicht nur ungewöhnlich, sondern auch unfreundlich, sagen die meisten. Außerdem trägt er von Dienstags bis Sonntags gelbe Socken. Zitronengelb. Montags dagegen rote. Immer. Im Sommer aus dünner Baumwolle, im Winter mit Frottee. Rot und zitronengelb. Im Übrigen trinkt er keinen Kaffee, lieber Kakao, manchmal auch Tee oder Tomatensaft, und macht jeden Abend um 17 Uhr 30 einen Spaziergang. Allein. Kein Hund, der ihm als Alibi dienen könnte, keine Freundin an seiner Seite. Er geht immer genau um 17 Uhr 30 los, kommt um 19 Uhr zurück und läuft dazwischen jedes Mal exakt dieselbe Strecke, wie Frau Tördau mutmaßt. Frau Tördau beobachtet das vom gegenüberliegenden Haus aus dem dritten Stock. Von ihrem Balkon sieht sie genau auf Nestels Wohnzimmerfenster im zweiten Stock, den Eingang des Mietshauses hat sie dabei ebenfalls im Blick. Sie beobachtet, wenn Nestel los geht, sieht auf die Uhr, wartet am Fenster, bis er wieder kommt, sieht wieder auf die Uhr, schüttelt dann den Kopf und sagt zu ihrem Mann: „Also, Karl-Heinz, der Nestel, das ist kein Mensch, das ist ein Metronom!" Jeden Abend sagt sie das.

Nestel geht tatsächlich stets dieselbe Strecke: durch die Schrebergartenkolonie zum Park, dort am Spielplatz und dem Streichelgehege vorbei, zu den Gerstenfeldern jenseits der Hauptstraße, über die Eisenbahnbrücke, an der er nun diese junge Frau gerettet hat, und wieder zurück zu den Schrebergärten. Er findet das nicht eintönig. Natürlich nicht. Nehmen wir einen beliebigen Montag: Nestel verlässt mit seinen roten Socken und ansonsten nicht weiter auffällig mit einer hellen Jeans und einem zart pastellblauen Hemd bekleidet pünktlich um 17:30 seine Wohnung. Er geht an der grauen Mauer der Mietshäuser vorbei, umgreift dabei mit seinen Augen kaum mehr als einen Meter vor seinen Füßen und lässt den Blick nicht höher wandern als bis zum Beginn seines Hosenbeins. Trotzdem stutzt er bereits vor dem Ende der Straße, noch vor dem Ampelübergang, den er gleich überqueren wird. Ein beißender Geruch steigt ihm in die Nase, nicht wirklich scharf oder ätzend, eher modrig und dumpf, in jedem Fall auffallend. Für Nestel jedenfalls. Es ist zu vermuten, dass vorher bereits zehn oder zwanzig Leute an dieser Stelle vorbeigegangen sind, ohne etwas wahrgenommen zu haben. Aber Nestel hat den Geruch bemerkt, wahrscheinlich nicht nur mit der Nase, sondern auch mit dem Mund, dem Gaumen, der zeitgleich einen bitteren Geschmack registriert. Daraufhin hat Nestel auch die Augen bemüht, hat die Lider ein Stück weiter als zuvor gehoben und gerade an der Kante zwischen Hausmauer und Bürgersteig einen Fleck wahrgenommen, der sich als dunkle Ellipse gegen das hellere Gestein abhebt. Es hätte die Hinterlassenschaft eines Hundes sein können, aber Nestel identifiziert sofort Menschen-Urin. Das kann er an dem unangenehmen Geruch erkennen, der ihm zugleich sonderbar vertraut ist. Aber auch daran, dass Hunde niemals so eine unglückliche Stelle für ihre Markierungen verwenden. Nestel hat auf der Stirn eine Falte bekommen, direkt über der Nase, seine Nasenflügel sind leicht gebläht, als würde sie der Wind auseinander drücken. Er sieht also in gewissem Maß empört aus, als er jetzt an der Ampel auf das grüne Licht wartet. Nestel ist an der Stelle mit dem Urin nicht stehen geblieben, er hat nicht einmal sein Gehen verlangsamt. Während des Laufens ereignete sich das Wahrnehmen der veränderten Hauswand, das Bemerken des Geruchs, die Idee über den möglichen Verursacher. Alle diese Empfindungen und Gedanken sind binnen Bruchteilen von Sekunden in seinem Gehirn aufgetreten, ohne seine Fortbewegung zu verändern. Nestel nimmt an, dass er den Urin-Besitzer kennt, vom Sehen her. Er vermutet, dass es der Obdachlose ist, der regelmäßig zwischen diesem und dem benachbarten Stadtviertel hin und her wandert und den Nestel noch nie nüchtern erlebt hat. Er sieht ihn vor sich, diesen bärtigen Mann, der zwar immer relativ ordentlich angezogen ist, aber von einer permanenten Wolke aus Alkohol, Urin und Schweiß umweht wird. Nestel hält deshalb stets deutlichen Abstand zu diesem Menschen. Aber jetzt hat er sich in Nestels Gehirn eingenistet, dieser Obdachlose, hat quasi Unterkunft in Nestels Kopf bekommen. Kurzzeitig nur, aber immerhin doch so deutlich, dass sich Nestel überlegt, wie schwierig es ist, in so einer Stadt ausreichend auf die eigene Reinlichkeit zu achten, wenn man keine Wohnung hat. Es gibt in nächster Nähe weder eine öffentliche Toilette, zumindest ist Nestel keine bekannt, noch einen Wasseranschluss oder gar einen Fluss. Eigentlich wäre es nett, wenn es nicht nur Dorfbrunnen, sondern auch Stadtbrunnen gäbe, denkt sich Nestel.

Auf den ersten 500 Metern dieses beliebig ausgewählten Montagsspaziergangs hat es also bereits eine Veränderung gegenüber dem Vortag gegeben und infolgedessen hat sich in Nestels Kopf einiges abgespielt. An jenem Abend, als Nestel diesem Urinfleck begegnet, bemerkt er außerdem direkt nach dem Ampelübergang einen Löwenzahn, der sich schon seit Wochen zwischen zwei Pflastersteinen hindurch geschoben hatte, aber jetzt zum ersten Mal seine goldgelbe Blüte auseinander spreizt. Außerdem ist in der Schrebergartenkolonie der dritte Gartenzaun auf der rechten Seite neu mit grüner Farbe überstrichen und in dem Garten mit den zwei Gartenzwergen hat jemand ein Beet mit Dahlien gepflanzt. Schon dieser eine Montag strotzt also vor Veränderungen und neuen Erlebnissen, obwohl Nestel dieselbe Route und dieselbe Uhrzeit wie an allen anderen Tagen gewählt hat. Es ist keine Ausnahme, dieser Montag mit seinen vielen Überraschungen, es ist die Regel. Jeder Tag ist selbst auf denselben Wegen und zur selben Uhrzeit überschüttet von Neuerungen. Und manchmal passieren eben auch so gewaltige Umwälzungen wie die Begegnung mit dieser jungen Frau, die von der Brücke springen wollte. Weil sich also ohnehin ungeplant und ohne dass Nestel Einfluss darauf nehmen könnte, überall so viel verändert, deswegen ist Nestel der immergleiche Weg nicht nur nicht langweilig, es scheint ihm fast zwingend erforderlich keine Variationen vorzunehmen, um nicht von der Vielzahl der neuen Eindrücke vollkommen überrannt zu werden. Die Streckenführung, der Zeitpunkt des Losgehens sind das Einzige, was Nestel unter Kontrolle haben kann, und das will er dann auch. Diese Routine war es letztlich auch, die ihn nach der Rettungsaktion wieder aus seiner Verwirrung befreite. Er liebt diese Regelmäßigkeit, es beruhigt ihn, besänftigt sein manchmal etwas aufbrausendes Gemüt. Es stört ihn nicht, dass Frau Tördau das verrückt findet, so wie es ihn im Allgemeinen selten stört, was andere Menschen über ihn, was sie überhaupt sagen. Die anderen Leute interessieren Nestel zu wenig oder zumindest bedeuten ihm die gesprochenen Worte nichts. Nestel hat eine Skala von eins bis zehn entwickelt, mit der er alles nach seiner Wichtigkeit bewertet. Fast alles, was mit anderen Menschen zu tun hat, kommt in die Rubrik zehn. Das bedeutet: unwichtig. Vielleicht ist es vor allem dieses Desinteresse, diese scheinbare Teilnahmslosigkeit, die Nestel in Gesellschaft an den Tag legt, weshalb er vielfach als verrückt bezeichnet wird. Die meisten Menschen erwarten, dass man sich für sie interessiert. Die wenigsten geben jedoch zu, dass sie sich für den jeweils anderen nur wenig interessieren, dass sie sich selbst am wichtigsten finden. Dabei ist das nicht nur eine gewöhnliche und verständliche, sondern sogar eine lebenswichtige Einstellung. Wer sich selbst nicht wichtig findet, macht seinen einzigen Besitz überflüssig. Nestel hat das erkannt, deshalb steht er dazu. Er mag sich.

Nestel wird es nur sehr selten ins Gesicht gesagt, dass man ihn für verrückt hält. Aber natürlich hat er es trotzdem schon gehört. Nestel registriert es, akzeptiert es. Mehr nicht. Es bleibt im Grunde selbst dann unwichtig für ihn, wenn es ihm jemand direkt sagt. Das hat mit Nestels Charakter zu tun, aber vielleicht auch mit seinen Finanzen. Nestel ist reich, zumindest erzählen sich das die Leute. Er kann sich das Verrücktsein leisten, sagen sie. Und das sieht Nestel in etwa auch so. Er ist kein Millionär, aber er hat genügend Geld. Genug, um zu bezahlen, was er braucht, genug, um auf die Meinung anderer nicht angewiesen zu sein.

Theodor

Kinder lieben, so wie Pflanzen die Sonne lieben. Sie richten ihr Wachstum nach dem Licht aus, selbst wenn sie schief und krumm dabei werden, weil sie keine andere Chance haben, sich zu orientieren.

Die finanzielle Situation ist für Theodor, der nur ein paar Häuser weiter wohnt, ganz anders als für Nestel. Theodor ist seit einiger Zeit Sozialhilfeempfänger. Immerhin hat er ein Dach über dem Kopf, etwas anzuziehen und genug zu essen, wenn er keine Ansprüche stellt. Vorsichtshalber mag er seine zwei Cordhosen so gerne, dass er niemals das Bedürfnis verspürt, sich mit etwas anderem zu kleiden. Das ist eine sehr weise Entscheidung, die ihm wenigstens ein kleines bisschen Unabhängigkeit beschert, obwohl die meisten Bürger des Stadtviertels ihn nicht für besonders schlau halten. Sie denken, jemand, der sich so benimmt wie er, kann doch nicht besonders klug sein. Dabei ist Theos Verhalten durchaus wohl erzogen, lediglich leidet er unter regelmäßigen Zuckungen, einem Grimassieren des Gesichts, das meist mit einem Augenblinzeln beginnt und dann ganz unvermutet mit einem Schulterzucken oder der Schleuderbewegung eines Arms endet, manchmal auch begleitet von einem überraschenden Räuspern oder Zunge schnalzen. Tourette-Syndrom nennen die Ärzte diese unwillkürlichen Bewegungen. Aber davon wissen die meisten Menschen nichts, sie nennen ihn nur einfach „Zappel-

Theo" oder „Der mit den Tics", aber niemals Theodor. Dabei hat an dem Namen „Theodor" eigentlich niemand etwas auszusetzen. Die meisten finden, dass es ein hübscher, fast ein vornehmer Name ist. Ganz im Gegensatz zu *Nestel*. „Das ist im Grunde gar kein Name", sagen die Leute. Niemand weiß, ob man so heißen darf, ob das ein Taufname, ein Nachname oder ein Spitzname ist. Aber wenn Nestel sich vorstellt, sagt er nur „Nestel". Er blickt dabei auf den Boden, nie in das Gesicht seines Gegenübers, so als müsste er den Namen von dort ablesen, dort auf dem Fußboden. Er spricht leise, flüstert fast, nuschelt ein wenig. Mehr als dieser Name scheint unaussprechlich für ihn. Undenkbar, er hieße Karl-Josef von Hohenhausen oder ähnlich. Allein diese sechs Buchstaben *Nestel* bereiten ihm anscheinend solche Mühe beim Sprechen, dass eine größere Anzahl nicht vorstellbar ist. Da sich „Nestel" für andere Leute ganz gut aussprechen lässt, hat man diesen Namen schließlich akzeptiert, vielleicht auch nur, weil sich niemand zu widersprechen wagt. Niemand weiß genau, wie viel Geld Nestel in Wirklichkeit hat. Menschen mit Geld haben Macht. Mit Mächtigen soll man vorsichtig sein, da sind sich alle einig. Nicht, dass Nestel seine finanzielle Position ausspielen würde, dass er andere darunter leiden lässt oder es überhaupt betont. Aber man kann nie wissen, denken die meisten. Tatsächlich wissen die meisten ohnehin sehr wenig. Über Nestel und überhaupt.

Nestel geht einer Arbeit als Redakteur in einem kleinen Verlag nach, obwohl viele Leute vermuten, dass er eigentlich genug Geld hat, um auf die Arbeit zu verzichten. Er hat geerbt, wird gemunkelt. Grundstücke mit Häusern darauf, die er vermietet. Allerdings in einer anderen Stadt. Für Nestel scheint dieses Geld jedoch keine große Rolle zu spielen. Zumindest nicht insofern, dass er es jedem erzählen oder deshalb nicht arbeiten wollte. Es ist eben nur wichtig, um Ärger zu vermeiden, um die Dinge zu tun, die ihm etwas bedeuten, um Sicherheit zu gewinnen. Manchmal sitzt Nestel zum Beispiel mit Theodor in seiner Stammkneipe, sofern man von Stammkneipe sprechen kann. Er ist nicht wirklich oft dort, aber doch so alle sechs bis acht Wochen, und wenn er ein Lokal besucht, dann eben nur dieses. Es ist mehr ein Cafe als eine Kneipe. Ein winkliger Raum mit breiten Gängen zwischen den Tischen, mit Spitzendeckchen, Nippes im Regal und einer Speisekarte, die von Schwarzwälder-Kirschtorte über Schnitzel bis zum doppelten Korn reicht. Die Küche ist gut, es ist bekannt, dass man für sein Geld große Portionen bekommt. Wenn Nestel dort zu Gast ist, dann isst er deshalb meistens auch zu Abend. Das tut er selten allein, im Allgemeinen ist Theodor dabei. Theodor und Nestel verbindet eine Freundschaft, die Außenstehende als seltsam bezeichnen. Wann und wie sie sich kennen gelernt haben, ist niemandem bekannt, aber es kann sich auch keiner an eine Zeit erinnern, als die beiden noch nicht befreundet waren. „Verrückte Vögel", sagen die Leute, oder „Stockfische". „Die sagen doch nie was, die saufen nur gemeinsam", tuscheln sie. Tatsächlich sprechen die beiden wenig oder gar nicht, aber sie Trinken auch nicht, nur Antialkoholisches. Nestel hat schon als Kind festgestellt, dass es meistens mehrere Wahrheiten gibt. Eine Tatsache, die seiner Ansicht nach auch ohne Alkohol schon verwirrend genug ist. Sein Interesse für diese Welt, aber auch seine Verunsicherung gegenüber den vielen wenig eindeutigen Ereignissen, hat er sich bis heute erhalten. Soweit Nestel das beobachtet hat, macht Alkohol das menschliche Miteinander, das Erleben schlechthin, noch unklarer, als es ohnehin schon ist. Das erschreckt ihn, so wie ihm überhaupt vieles Furcht einflößt. Deswegen trinkt er also keinen Alkohol.

Theodor trinkt ebenfalls nichts Alkoholisches, weil er Nestel nicht erschrecken will. Außerdem hat er kein Geld. So sitzen sie also mit ihrem Apfelsaft, ihrem Mineralwasser, ihrer Limonade in dem Lokal, Nestel und Theodor. Sie sitzen oft einige Stunden dort, essen eine ganze Menge, schweigen gemeinsam, betrachten ihre Teller, ihre Gläser oder beobachten einfach wie die Zeit vergeht, und manchmal wird die Bedienung dann unfreundlich. Nicht ganz direkt, nicht wirklich auffallend, aber doch mit sichtlicher Abneigung, wenn sie Theodor die dritte Portion Pommes hinstellen soll. „So, das sind die nächsten Pommes!", sagt die Kellnerin, betont das Wort „nächsten" unverhältnismäßig stark und stellt den Teller mit lautem Klirren auf den Tisch. Dabei wippen ihre Brüste, weil sie offensichtlich keinen BH trägt. Sie ist schlank, in der Taille fast mager, im Vergleich dazu sind ihre Brüste relativ groß und nur wenig bedeckt. Die Bluse ist bis fast auf Höhe der Brustwarzen aufgeknöpft. Um den Hals trägt sie ein Goldkettchen, das so lang ist, dass das Ende der Kette unter dem ersten geschlossenen Blusenknopf verschwindet. Nestel überlegt, ob ein Anhänger daran ist. Drei Köpfe am Nebentisch heben sich, als sie den Teller so laut abstellt. „Seht her, der Kerl ist drei Mal Pommes hintereinander und ist wahrscheinlich noch nicht satt", steht in den beobachtenden Blicken geschrieben. In diesem Moment tritt ein sanftes Lächeln in Nestels Gesicht, ein wissender, verständnisvoller Ausdruck: „Ich bezahle das schon mal. Alles zusammen", nickt er der Kellnerin zu. Er sieht dabei über ihre Brüste hinweg, wendet sein Lächeln genau ihrem Gesicht zu, dem Wangenknochen zwischen Nase und rechtem Ohrläppchen, der einen Hauch Rouge trägt. Das ist ein Trick von Nestel. Er weiß, dass es die größte Wirkung hätte, wenn er der jungen Frau in die Augen sehen würde, aber das gelingt ihm nicht. Es ist ihm zutiefst zuwider, einem Menschen direkt in die Augen zu sehen. Es ängstigt ihn. Anders als seine Nase, die immer gezwungen ist jeden Geruch aufzunehmen, der um ihn herum weht, hat er über die Augen wenigstens die Kontrolle, kann die Lider zwischen sich und die Welt schieben. Nestel erzeugt dadurch häufig Unsicherheit, manchmal auch Ablehnung bei anderen. Wer Augenkontakt ausweicht, hat etwas zu verbergen, denken die meisten intuitiv. Nestel weiß das. Der Wangenblick ist der Kompromiss. Es ist ein Hinsehen, ein Betrachten, ohne die Gefahr, sich ineinander zu vertiefen.

Nestel ist gut aussehend. Seine Haut ist so blass, dass es schon wieder interessant aussieht, sein Gesicht ist sehr ebenmäßig. Mit den schwarzen Haaren, der meistens frisch rasierten Haut gleicht er ein wenig einer Statue, einem Etwas, das sehr liebevoll geformt wurde. Nestel ahnt das, er spürt, dass der Anblick seines Gesichts irgendwie angenehm ist, deswegen ist es quasi seine Beschwichtigungsgeste, wenn er es jemandem so deutlich zuwendet, selbst wenn er demjenigen dabei nicht wirklich in die Augen sieht. Tatsächlich lächelt die Bedienung jetzt. Es ist, als ob ihre kleinen braunen Augen Freude daran haben, über Nestels helle Gesichtshaut zu gleiten. Ihr Blick spaziert einmal über Stirn, Nase, Wangen und Kinn, dann wendet sie sich ab, sie beeilt sich, die Rechnung zu holen. Nestel gibt ihr ein großzügiges Trinkgeld, sagt: „Aber gleich bestellen wir noch eine Nachspeise." „Gern", antwortet die Kellnerin. Obwohl Nestel und Theodor wirklich nicht zum ersten Mal in dem Lokal sind, obwohl sie dort also durchaus bekannt sind und Nestel bisher jedes Mal die Rechnung vollständig und reichlich bezahlt hat, trotzdem wiederholt sich diese oder eine ähnliche Szene immer wieder. Es ist ein Ritual des Misstrauens, fast ein Machtkampf. Nestel muss immer wieder erneut nachweisen, dass er bereit ist, nicht nur für sich, sondern auch für seinen Freund zu bezahlen. Das liegt wahrscheinlich daran, dass er nie mit den Leuten im Lokal spricht. Obwohl also bekannt ist, dass er in unregelmäßigen Abständen dort mit Theo auftaucht und dass sie dann jedes Mal eine Menge essen, obwohl das also längst beobachtet wurde und dem Personal bekannt ist, gibt es ansonsten nichts, was über die beiden bekannt ist. Über Nestel noch weniger als über Theo. Keiner in der Kneipe weiß, wo er wohnt oder arbeitet und ob er noch andere Freunde hat. Vielleicht wäre das auch alles nicht so schlimm, wenn Nestel durch seine zurückgezogene Art, sein stilles In-sich-versunken-sein nicht so leicht beim Gegenüber das Gefühl auslösen würde, dass das Gegenüber stört oder zumindest überflüssig ist. Selbst die Worte mit der Bedienung scheinen Nestel schon anzustrengen, und er sagt nie ein Wort mehr, als er unbedingt als notwendig erachtet. Es ist also diese Unnahbarkeit, diese abweisende Ausstrahlung, die letztlich dazu führt, dass Nestel sich oder zumindest seine Finanzkraft immer neu unter Beweis stellen muss. Wer andere nicht nah an sich heran lässt, bekommt selten Vertrauen geschenkt.

Theodor sucht Apfeltorte aus, Nestel wählt nur eine Tasse Kakao. Die Bedienung bringt alles freundlich, aber doch mit deutlichem Staunen, gewissem Neid darüber, wie jemand so viel essen kann. Theodor isst in der Regel drei oder vier Portionen Pommes frites, ein Schnitzel und zwei oder drei Stück Torte als Nachspeise. Dennoch ist Theodor nicht dick, ein bisschen unförmig in der Bauchgegend vielleicht, etwas schwammig im Bereich des Gürtels, aber sonst eher schlank, fast hager. Er selbst hat kein Geld, um sich solche üppigen Mahlzeiten zu bezahlen. Es bleibt zu vermuten, dass er von den Mahlzeiten mit Nestel noch ein Weilchen zehrt, vielleicht am nächsten Tag auf das

Frühstück verzichtet, zu Mittag nur ein Brot isst, am Abend ein paar Kekse. Er erzählt das nicht, Nestel fragt nicht, es ist weder für den einen noch den anderen wichtig, was sich anderntags abspielt. Wichtig ist, dass sie in Ruhe zusammen in dem Lokal sitzen können, zumindest sofern Theodor ruhig sitzen kann, denn das Zucken in seinem Körper, dieses plötzliche Schütteln, das über ihn kommt wie ein Stromstoß und das ihm den Spitznamen Zappel-Theo eingebracht hat, unterbricht die stille Zweisamkeit immer wieder in gewissem Maß. Mit seinem siebten Geburtstag hatten diese Zuckungen begonnen, allmählich erst, dann war es stetig schlimmer geworden. Immer wieder ein plötzliches Zittern der Gesichtsmuskeln, ein Grinsen in den Mundwinkeln, das keiner Freude entspringt. Mitunter zucken die Hände wie Fische auf dem Trockenen, rasen plötzlich über den Tisch, werfen Gläser um, tappen in Teller, katapultieren Besteck zu Boden. Es ist nicht einfach, mit Theo zu Abend zu essen. Immerzu fällt etwas um, klirrt es irgendwo, gibt es Scherben. Theo kann das Zucken nur sehr begrenzt unter Kontrolle bringen. Wenn er sich darauf einstellt, sich still zu verhalten, kann er sich auf nichts anderes mehr konzentrieren. Außerdem schlägt ihm anschließend sein Körper nur allzu gerne ein Schnippchen und tobt um so gewaltiger. Ohne Vorwarnung machen sich die Gesichtsmuskeln und Arme selbständig, Theo bemerkt es selbst immer erst, wenn es schon passiert ist. Er schämt sich, aber das ändert nichts, außer, dass er sich schlecht fühlt. Die Tics sind ein Grund, warum Theo nicht gerne in Lokalen gesehen ist, vor allem, weil er eben kein Geld hat den Schaden zu bezahlen. Wenn er Gläser zerbricht, kann man sicher sein, dass er das nicht ersetzen kann. Er fingert dann ein paar klebrige Münzen aus seinen knittrigen Sachen, sagt „Das ist alles", und jeder weiß, dass das stimmt. Sozialhilfe ist kein gutes Einkommen. Und mehr hat er nun mal im Moment nicht.

Wenn Nestel mit Theodor aus ist, ist jedoch für finanziellen Ausgleich gesorgt. Es genügt, wenn Theodor den Teller mit dem Besteck zu Boden wirft, selbst wenn dabei nichts zu Bruch gegangen ist, keine Kratzer, keine Scherben entstanden sind, dann zückt Nestel bereits seine Geldbörse. Er gibt der Bedienung ein paar Euros, nickt dazu, ein wenig bedauernd, ein bisschen entschuldigend, und die Bedienung sagt: „Ist ja nicht so schlimm, ich spül' das schon", und beschwert sich nicht. Trotzdem bleibt die Atmosphäre meist angespannt, Theodor und Nestel sind nicht wirklich willkommen. Nestels Geld ist ein Schutzmantel, der die Missgunst, die Angst vor Unruhe und Unannehmlichkeiten abwehrt. Aber es ist ein sehr löchriger Schutzmantel. Meistens lässt sich auch im Laufe des Abends beobachten, wie die beiden, Nestel und Theodor, immer tiefer in ihre Stühle sinken, sich immer weiter in die Ecke drängen, gerade so, als hätten sie das Gefühl, mit ihrer stillen Anwesenheit schon lärmend und störend genug zu sein, so dass sie den Raum, den sie belegen auf ein Minimum reduzieren wollen. Dabei ist Nestel in dieser Hinsicht sicher der sensiblere, derjenige, der die Stimmungen deutlicher wahrnimmt. Theodor ist von seinen Zuckungen absorbiert und von dem Glück der reichlichen Mahlzeit. Bereits nach der zweiten Portion Pommes frites glänzt sein Gesicht erhitzt, das Hagere, Verhärmte weicht einem wohlig entspannten, sehr friedlichen Ausdruck. Obwohl Theodor schon die Dreißig überschritten hat, bekommt er dann ein sehr kindliches Aussehen, die entspannte Freude über das leckere Mahl ist ihm genauso anzusehen wie einem Säugling. In diesen zufriedenen Momenten rückt er näher an Nestel heran, schiebt den Stuhl nur so ein paar Zentimeter zu ihm hin, lächelt vielleicht, zuckt seltener als sonst, ist Nestel zugewandt, strahlend, liebend, ganz so wie es Kinder gegenüber ihren Müttern sind. Anders als Mütter, denen es nicht immer gelingt ihr Kind zu lieben, die ihre Nachkömmlinge mitunter abtreiben, aussetzen, ablehnen oder misshandeln, sind Babies ihrer ersten Bezugsperson immer liebend zugewandt. Ausnahmslos. Nicht deswegen, weil sie so überzeugt sind, eine wunderbare Mutter zu haben, vielmehr fehlt ihnen noch jedes bewusste Reflektieren, jedes Wissen über mögliche Bösartigkeit. Es fehlt ihnen die Möglichkeit zu zweifeln, sich zu verschließen. Das lernen sie erst später. Sie lieben, so wie Pflanzen die Sonne lieben, die ihr Wachstum nach dem Licht ausrichten, selbst wenn sie schief und krumm dabei werden, weil sie keine andere Chance haben, sich zu orientieren, keine andere Möglichkeit zu wachsen, zu leben. Ebenso ist Theodors Freundschaft zu Nestel beschaffen. Theodor ist wie eine etwas verdreht wachsende Pflanze, die sich nach Nestels Wärme ausrichtet, weil er sonst nichts hat, woran er sich orientieren kann. Nestel hat das erkannt, er weiß es genauer, als es Theo weiß. Er freut sich über Theodors Zuneigung, so wie eine Katze schnurrend genießt, wenn man ihren Pelz krault, ohne sie festzuhalten. Nestel schätzt Theodor aber auch aus anderen Gründen: Er mag seine Ehrlichkeit, seine Direktheit und vor allem seine Fähigkeit zu schweigen. Nestel ist der Ansicht, dass sich Theodor in dieser Hinsicht am meisten von allen seinen Mitmenschen unterscheidet. Worte können in Theodor einsinken, in ihm nachklingen, ohne dass er reflexmäßig seine eigenen Gedanken dagegen stellt. Small talk oder Höflichkeitsfloskeln sind Theodor vollkommen fremd, obwohl er keinesfalls unerzogen oder ohne jedes Benehmen ist. Beim Essen hat er niemals die Ellbogen auf dem Tisch, er benutzt eine Serviette, die er nach Gebrauch ordentlich auf dem Teller faltet, und er hält jedem die Tür auf, der kurz nach ihm das Lokal betritt. Nur die Pommes frites isst er mit den Fingern, legt die Gabel dafür so konsequent zur Seite, dass es schon wieder vornehm aussieht, wie er das Besteck ablegt, die Finger spitzt, dabei aufrecht sitzt, die Ärmel seines ausgeblichenen Anzugs sanft nach oben schiebt und nach den Fritten greift. Er hat also, sofern er nicht von seinen Zuckungen unterbrochen wird, ein durchaus ordentliches Benehmen und vielleicht ist seine Fähigkeit zu schweigen sogar ein Teil seiner Höflichkeit. Theodor weiß nicht viel und das, was er weiß, hat er meistens irgendwann schon einmal gesagt. So sieht er selbst das zumindest. Im Gegensatz zu anderen Menschen scheint es ihm überflüssig, die bekannten Dinge zu wiederholen. Theodor ist nicht länger als unbedingt notwendig zur Schule gegangen, hat dann noch einige Zeit sehr intensiv über die Welt nachgedacht und dabei bemerkt, dass er sich fast nichts so erklären kann, dass er es wirklich versteht. Daraufhin hat er im Wesentlichen aufgehört nachzudenken. Er hat nicht angefangen, Fragen zu stellen, weil er außer Nestel ohnehin niemanden kennt, dem er Fragen stellen könnte. Außerdem zweifelt er daran, dass er die Antworten verstehen würde. Weil Theodor also nicht viel über die Welt zu sagen weiß, ist er meistens still. Nestel schätzt das sehr, empfindet dieses Schweigen als Charakterstärke, die er bei den meisten anderen Menschen vermisst. Nestel hält Theo nicht für dumm. Nur für unaufdringlich. Deswegen fühlt sich Nestel in Theodors Gegenwart so wohl. Es ist vorherzusehen, wie ein Abend mit Theodor verlaufen wird, mit jeweils kleinen Variationen. Das einzige, was nicht ganz klar ist, ist das Auftreten der Tics. Aber dass sie da sein werden, das ist klar und diese Klarheit liebt Nestel. Allein dieses Vorhersehbare löst Freude bei Nestel aus. Es ist wie seine Spaziergänge oder seine gelben Socken, ein Stück Struktur, ein bisschen Zuverlässigkeit in einer chaotischen Welt.

Die Arbeit

Konzentration bedeutet, dass die Gedanken in Sicherheit sind.

Die regelmäßige Struktur ist auch das, was Nestel an seiner Arbeit mag. Er beginnt morgens um 8:30, macht um 12 Uhr exakt dreißig Minuten Pause und geht um 17 Uhr. Dazwischen sitzt er im Wesentlichen an seinem Schreibtisch und denkt über verschiedene Dinge nach. Die Gedanken, die er wichtig findet, schreibt er auf. Nestel arbeitet als Redakteur in einem kleinen Verlag. Sein Büro liegt im dritten Stock. Keine besondere Gegend, kein besonderer Verlag, keine besondere Stelle. Dabei ist Nestel sicher nicht dumm. Im Gegenteil, seine Intelligenz ist eigentlich auffallend. Allerdings unternimmt er nicht viel, um diese Intelligenz in den Vordergrund zu rücken oder sie überhaupt anderen zu zeigen. Falls sich jedoch die Gelegenheit ergibt, bemerkt man es sofort – sofern man schlau genug ist, um es zu bemerken. Das ist selten der Fall, deswegen wissen es nicht so viele Leute. Es ist ihnen höchstens klar, dass Nestel anders ist als viele andere. Herr Bremer etwa, der zwei Zimmer weiter arbeitet, ist einer derjenigen, die nichts über Nestels Intelligenz wissen. Herr Bremer ist ein eher grobschlächtiger Mensch. Nicht unfreundlich oder unhöflich, aber sehr direkt und dabei einfach strukturiert. Er glaubt nur die Dinge, die er sieht. Oder er sieht nur die Dinge, die er glaubt. Er kommt nicht auf die Idee, dass es irgendwie außergewöhnliche Menschen geben könnte oder überhaupt sehr verschiedene. Natürlich sind sie weiblich und männlich, groß und klein, dick und dünn und manche stehen auch gelegentlich in der Zeitung. Aber mehr auch nicht. Ansonsten sind sie Menschen und erleben die Welt natürlich alle so wie er. So sieht Herr Bremer das. Aber auch Herrn Bremer fällt auf, dass Nestel fast nicht spricht. Das ist das verrückteste an Nestel, da sind sich doch immer wieder alle einig. Er ist nicht stumm, hat nichts an den Stimmbändern, nichts an den Lippen oder am Gaumen. Das hätten seine Kollegen und Mitmenschen leichter akzeptieren können, so eine Krankheit, etwas körperlich Nachweisbares. Ein Stimmband, das deformiert oder durch einen Unfall beeinträchtigt ist. Da hätte jeder gesagt: „Wie traurig, der arme Nestel." Aber in dieser Hinsicht ist Nestel ganz gesund. Seine Stimme klingt sogar recht angenehm, wenn er einmal etwas sagt. Sie hat einen sonoren, weichen Klang, der fast beruhigend wirkt. Theodor hat einmal gesagt: „Nestel, deine Stimme klingt wie frisch gewaschene Christbaumkugeln!" Die wenigsten können sich darunter etwas vorstellen, aber Nestel hat sich über Theodors Vergleich gefreut. Er hat geschmunzelt, fast gelacht und genickt. Nestel ist damit einverstanden, eine Christbaumkugelstimme zu haben. Dennoch benutzt er diese Stimme möglichst selten. Auch für die Arbeit macht er damit nur eine Ausnahme, wenn es unumgänglich ist. Dabei ist es erstaunlich festzustellen, mit wie wenigen Worten so ein Arbeitstag zu bewältigen ist. Es stellt sich dann sogar die Frage, wieso andere Menschen so viel sprechen, was sie dazu veranlasst, wenn es doch einen sachlichen Grund dafür nicht gibt. Vielleicht ist auch die tägliche Summe der gesprochenen Worte immer gleich und die einen tragen mehr und die anderen weniger dazu bei. Nestel leistet durchaus auch seinen Beitrag zu diesem Wörterpool, wenn eben auch in bescheidenem Ausmaß. Manchmal spricht er zum Beispiel mit seiner Kollegin Jule. Und zwar nicht immer nur, weil es unbedingt notwendig ist, sondern sogar einfach, weil er sie mag. Jule ist die Kollegin, die Nestel am nächsten steht. Sie hat ihr Büro im ersten Stock, während Nestel im dritten untergebracht ist, aber nichtsdestotrotz sehen sich die beiden im Verlag regelmäßig. Immerhin steht der Kopierer direkt neben Jules Büro. Die meisten Kopierarbeiten erledigt zwar die Sekretärin, aber gelegentlich klemmt sich Nestel auch einen Stapel Papiere unter den Arm, steigt in seiner behutsamen Art, immer mit einer Hand am Treppengeländer, die Stufen zur ersten Etage nach unten, um dort zu kopieren. Dann steht er an dem Apparat, wendet bedächtig Seite für Seite und lächelt dabei in Jules Büro, die meistens ihre Zimmertür geöffnet hat und dann erfreut zurücklächelt. Jule hat auch einige Informationen über Nestel, die andere nicht haben, oder vielleicht ist es auch Intuition. Jedenfalls pflegt sie mit Nestel näheren Kontakt, viele halten es sogar für eine Freundschaft, wobei niemand annimmt, dass es sich um eine erotische Beziehung handelt. Im Grunde kann man es nur als Bekanntschaft bezeichnen, aber mit Nestel bekannt zu sein, ist eben schon weit mehr, als den meisten Menschen je gelingt. Insofern hat Jule wirklich eine Sonderstellung. Nestel hat den Ruf eines Außerirdischen im Verlag, eines Wesens, das viele schon einmal gesehen haben, ohne wirklich etwas darüber zu wissen. Nur vermutet wird viel. Je weniger die Leute wissen, desto mehr vermuten sie. Jule ist da anders. Sie verlässt sich nicht gerne auf Vermutungen, sie fragt lieber, wenn sie etwas interessiert. Auf diese eigentlich sehr einfache Weise hat sie allmählich Zugang zu Nestel gefunden. Einmal hat sie Nestel sogar zu Hause besucht. Dennoch halten sie immer Distanz zueinander. Es ist vielleicht sogar so, dass sie die Fremdheit zwischen einander deutlich erleben, ihre Verschiedenheit, aber dass sie das aushalten, ohne es zu beklagen. Und genau das bringt sie näher. Jule ist attraktiv, mit strammen kleinen Brüsten, aufrechtem Gang und einem ewig breiten Lächeln unter ihrem fast stoppeligen Kurzhaarschnitt. Das Selbstbewusstsein, das sie verströmt, der schaukelnde Hüftschwung, wenn sie durch die Gänge gleitet, machen ihre Weiblichkeit so überdeutlich, so ins Auge springend, das niemand eine Koketterie darin sieht. Sie ist eine Frau und jeder kann das sehen, das ist alles. Sie ist im Kollegenkreis akzeptiert, mehr noch: Sie ist beliebt. Jule verteidigt Nestel gelegentlich, wenn es im Caferaum oder bei anderen Anlässen dazu kommt, das jemand über ihn lästert. Gelegenheiten gibt es genug, denn Nestel weicht allen sozialen Ereignissen des Betriebs aus, ist bei Geburtstags- oder Beförderungsfeiern oder dem Betriebsausflug nie anzutreffen. Die meisten reden gerne über Menschen, die nicht anwesend sind. Das befreit sie von der unangenehmen Aufgabe, über sich selbst zu sprechen und schafft zugleich eine verbindende Atmosphäre. „Nestel kommt morgens in sein Büro, bekommt kaum ein *Guten Morgen* heraus und ist dann hinter seiner Tür verschwunden, ehe man auch nur einen Pieps sagen kann", ereifert sich zum Beispiel die Sekretärin beim Plausch mit den Kollegen in der Kantine. „Meine Schreibarbeiten legt er mir hin, während ich in der Mittagspause bin oder am Abend, nachdem ich gegangen bin!" Sie schiebt sich einen Löffel Kartoffelbrei in den Mund und verdreht die Augen bedeutungsvoll. Schon stimmen zwei, drei andere mit ein, dass so etwas keine Art sei, jedenfalls keine wohlerzogene und überhaupt, wie schwierig so ein schweigsamer Kollege ist und was er sich wohl dabei denkt, dieser Nestel. Sie tratschen und schwatzen, schütteln die Köpfe und genießen ihre Einigkeit. Nebenbei ist das Thema die ideale Ablenkung von ihren eigenen kleinen und größeren Fehlern. Jule hört sich das eine Weile mit an, spießt ihren Möhrensalat ein bisschen aggressiv auf die Gabel und sagt schließlich ziemlich laut: „Sei doch froh, dass er nicht auf Schritt und Tritt hinter dir steht und deine Arbeit kontrolliert – solche Chefs gibt es auch!" Darauf tritt ein wenig Stille ein, ein bisschen Bescheidenheit. Alle kauen sehr konzentriert ihr Essen. Auf dem Rückweg aus der Kantine tuschelt die Sekretärin mit der Redakteurin von Gegenüber. Sie vermutet, dass Jule von Nestel bestochen wird. „Du meinst, dass er ihr Geld gibt?" Die Redakteurin ist sichtlich erschüttert, aber in ihren Augen glimmt gierig ein Stück Sensationslust. „Immerhin hat er ja wohl mindestens zwei Häuser", sagt sie, laut genug, dass es auch die andere Sekretärin hört. „Man weiß ja nie", antwortet diese darauf, ohne den Zusammenhang ganz zu erfassen. Das nehmen ihm ja alle ein bisschen übel, dass er Geld hat und trotzdem arbeitet, noch dazu so etwas Banales. Schließlich glauben die meisten, dass sich ihre Probleme lösen würden, wenn sie mehr Geld hätten, dass es im Grunde nur die Notwendigkeit des Geldverdienens und damit die Arbeit ist, die ihr Leben verdüstert. Nestels Art ist ihnen also auch deshalb ein Dorn im Auge, weil er ihren Glauben, schlimmer noch: ihre Hoffnung zerstört. Seine Arbeit gleicht nicht der eines Politikers oder einer Koryphäe, die vielleicht allein aus Eitelkeit ihren Posten behalten, weil sie die Rückmeldungen brauchen, den Ruhm und die Ehre oder weil es einfach noch keinen geeigneten Nachfolger gibt. Für Nestel gibt es keinen besonderen Ruhm. Außer der Sekretärin, die noch für drei weitere Redakteure schreibt, hat er keine Mitarbeiter. Den Bereich *Heimwerkermarkt* betreut er zwar immerhin eigenverantwortlich, aber darin unterscheidet er sich nicht von den anderen Redaktionsmitgliedern. Wenn Nestels Stelle ausgeschrieben werden würde, wäre sie sicherlich binnen einer Woche neu besetzt. Niemand, der die Zeitung „Bauen und Wohnen" kauft, würde Nestels Namen unter den Artikeln vermissen. Es ist ein kleiner Verlag in einer kleinen Stadt und jede Haupt-Rubrik wird von einer Person bearbeitet, wenn überhaupt. Insgesamt umfasst der Verlag nur zehn Redakteure, wenn alle Volontariate und Praktikantenstellen besetzt sind, sind es auch einmal 20, aber mehr nicht. Der Chef ist ein grauhaariger Despot mit einer dunkel gerahmten Brille, durch deren Gläser er jeden fixiert, als wäre er auf der Jagd. Seine Geschosse sind die meist scharf formulierten, kritischen Sätze. Alle zwei Monate beruft er eine Verlagssitzung ein, auf der die weiteren Neuerscheinungen besprochen werden. Eine wirkliche Diskussion ist es jedoch nicht, denn der magere Etat bestimmt die Pläne und so bleibt es meist bei den zwei etablierten Zeitschriften und ein paar Neuauflagen von Büchern, die sich regelmäßig verkaufen, ohne jemals in die Kategorie Bestseller zu passen. Nestel arbeitet also als kleiner Angestellter, ohne besondere berufliche Perspektive, aber auch ohne sich je zu beklagen. Obwohl das Geld also für ihn kaum ausschlaggebend sein kann, hat auch niemand den Eindruck, dass er aus besonderer Begeisterung heraus in der Redaktion tätig ist. Aber es ist überhaupt schwierig, Nestels Gefühle zu erkennen, dafür ist er zu still. Jule ist auch in dieser Hinsicht die einzige, die ihn schließlich einmal fragt: „Wieso arbeitest du eigentlich in diesem Verlag, das ist doch wohl nicht dein Traumberuf?" „Doch", antwortet Nestel: „Eine konzentrierte Tätigkeit, bei der ich möglichst selten gestört werde. Das ist es doch." Nestel macht eine Pause, und als Jule ihn weiterhin fragend ansieht, fügt er noch hinzu: „Konzentration bedeutet, dass die

Gedanken in Sicherheit sind. Das habe ich hier doch."

„In Sicherheit?!", echot Jule.

„Ja, in Sicherheit davor, dass sie verloren gehen könnten, irgendwohin ..." Nestel hält inne und beide lauschen sie seinen letzten Worten nach. Wie so oft, wenn Nestel etwas sagt, muss man über die Antwort erst einmal eine Weile nachdenken, wenn man sie verstehen will. Deshalb ist das Gespräch zunächst beendet. Jule nimmt sich in den nächsten Tagen die Zeit zum Nachdenken. Dabei kommt sie zu dem Schluss, dass Nestel vielleicht tatsächlich vor allem deshalb in dem Verlag arbeitet, weil er dort ein Thema hat, ein eigenes Büro und selten gestört wird. Vielleicht ist ihm der Inhalt nicht so wichtig, vielleicht würde er auch über Kosmetik oder Gemüseanbau schreiben, wenn es sich ergeben hätte. Es gibt viel Routineaufgaben im Verlag und die Wahrscheinlichkeit, dass sich etwas ändert, ist gering. Das ist es, was Nestel mag. Jule weiß das eigentlich, aber erst in diesem Moment, als sie über seine Antwort nachdenkt, wird ihr klar, wie ernst Nestel es meint, wenn er sagt: „Am liebsten habe ich meine Ruhe." Jule weiß, dass Nestel auch künstlerisch tätig ist, dass er gelegentlich Bilder in Galerien ausstellt. Als sie einmal einen Teil seiner Bilder besichtigt, kommen ihr viele Gedanken zu Nestels Persönlichkeit. Sie denkt, dass er eine außerordentliche Wahrnehmungsfähigkeit haben muss, sehr viel Phantasie, aber auch Hingabevermögen. Jedes Detail ist auf den Bildern mit solcher Intensität und Genauigkeit gezeichnet, dass Jule sich vorstellt, dass

Nestel während des Zeichnens selbst so klein wird, wie es der kleinste Schnörkel von ihm verlangt, um mit wirklicher Ernsthaftigkeit gestaltet zu werden. Stunden um Stunden muss er in dieser Kleinheit verharren, muss diese Details zeichnen, ehe sich das Bild zu einem Ganzen entwickelt. Obwohl Jule die Redaktionsarbeit nie als künstlerisch wertvoll erlebt hat, entdeckt sie jetzt einen Zusammenhang. Wenn Nestel die Texte über den Aufbau eines Regals oder die Restauration einer Schrankwand verfasst, tut er das sicher mit ebenso einer fast schmerzlichen Andacht, wie sie in seiner Kunst zu erkennen ist. Sowohl beim Malen als auch bei der Textarbeit versucht er aus einzelnen, kleinen Bestandteilen etwas Größeres zusammenzufügen. Regale, Bilder, Texte. Es ist so, als wäre Nestel ständig damit beschäftigt, ein größeres Ganzes zu schaffen, als hätte er ewig Angst, alles könne auseinanderfallen, wenn er es nicht minutiös zusammenfügte, so wie ein Schrank ohne die richtigen Schrauben. Für Jule macht diese Erklärung also, nachdem sie lange genug darüber nachgedacht hat, durchaus Sinn. Nestels Wunsch nach konzentrierter Tätigkeit an einem großen Ganzen spiegelt sich sowohl in seiner Kunst als auch der Redaktionsarbeit wider. Natürlich kann man sich besser konzentrieren, wenn man nicht den ganzen Tag nur einer Tätigkeit nachgeht. Also wechselt er: Von der Staffelei zum Schreibtisch und wieder zur Staffelei. So lässt es sich gut erklären, warum er nicht nur als freischaffender Künstler tätig ist, obwohl die Finanzen bei ihm nicht wirklich die Ursache sein können. Und alles, was sich erklären lässt, ist leichter auszuhalten. Deswegen hat Jule weniger Probleme als ihre Kollegen, Nestels Arbeit in der Redaktion zu akzeptieren. Vielleicht ist es aber auch nur, weil sie Nestel gern hat. Sie mag seine Art, wie er mit leicht gesenktem Kopf durch die Redaktionsräume geht, sie freut sich über seine Fähigkeit des konzentrierten Zuhörens und sie mag sein Schweigen, das – wenn man genau hinsieht – gar nicht so selten von einem Lächeln begleitet ist. Nestel nimmt alles sehr ernst, was er tut, aber er tut es auch mit stiller Freude. Das fällt allerdings den wenigsten Menschen auf. Vielleicht will es auch niemand sehen. Es ist leichter einen Andersartigen zu bedauern, als ihn zu bewundern. Jemand, der Freude am Alltag hat, obwohl nichts augenscheinlich Besonderes darin passiert, bleibt in jedem Fall verdächtig. Wenn schließlich jeder Freude am Gewöhnlichen haben könnte, dann wäre weniger das Schicksal, als mehr der Mensch selbst für das Vergnügen verantwortlich. Dieser Gedanke ist für viele erschreckend, aber ehe sie diesen Gedanken wirklich zu Ende gedacht haben, erschrecken sie vor Nestel. Das ist immer noch ein bisschen leichter, denn von Nestel kann man sich abwenden.

Die Bilder

Vielleicht ist das auch eine Form des Glücks:
Dem Schmerz eine Form zu geben.

Da Nestel so wenig soziale Kontakte hat, hat er im Grunde ausreichend Zeit für anderes. Was dieses andere ist, bleibt vielen verborgen. Sie munkeln, Nestel läge zu Hause im Bett und täte nichts. Vom Nichtstun wird man müde, deswegen sieht er immer so erschöpft aus, so sagen sie. Aber Nestel schläft nicht viel, er schläft sogar meistens zu wenig. Weniger als andere Leute ohnehin, aber auch zu wenig für seinen eigenen Bedarf. Man sieht das dann an seinen Augenschatten, dunkle Ringe, die auf seiner hellen Haut wirken wie ein Stück vergessene Nacht. Womit er sich die meiste Zeit beschäftigt, das sind seine Bilder. Er malt. Acryl, Aquarell, Kohle, Kreide, Bleistift. Kein Material, vor dem er Halt macht. Das Ergebnis ist beeindruckend, nicht unbedingt schön im harmonischen Sinn, aber wirklich interessant. Es gibt kaum jemand, der seine Bilder betrachten kann, ohne irgendwie berührt oder betroffen zu sein. Das ist nicht nur Jule so ergangen. Sie hat seine Bilder zum ersten Mal gesehen, als sie schon etwa drei Jahre Kollegen waren. Jule war zu Nestel ins Büro gekommen, weil sie eine Frage hatte.

„Kannst du in der Heimwerker-Rubrik dieses Mal noch eine zusätzliche Anzeige unterbringen? Wir haben da einen super Kunden, aber in den anderen Bereichen ist schon jede Zeile verplant!"

Wie immer hatte Nestel kurz und klar geantwortet: „Ja." Jule wollte sich schon wieder abwenden, da entdeckte sie die Strichzeichnung, die Nestel offensichtlich gerade auf seinem Schreibblock, mitten zwischen andere Notizen gezeichnet hatte. „Hey, hast du das gemalt?" Jule kam einen Schritt näher und Nestel sagte nichts, denn es schien ihm offenkundig, dass er seine Schmierzettel nicht verlieh, um andere Leute darauf Strichzeichnungen anfertigen zu lassen. Natürlich war diese Skizze also von ihm.

„Das ist toll!", sagte Jule und bewegte ihren Kopf vor und zurück, wie ein Reiher, der im flachen Wasser nach Fischen sucht. „Je nachdem, welche Perspektive man einnimmt, sieht es anders aus", stellte sie fest. Sie teilte das Nestel mit so überzeugter Wichtigkeit mit, als wäre diese Entdeckung auch für ihn vollkommen neu. Tatsächlich sah er seine eigene Zeichnung daraufhin noch einmal mit leicht gerunzelter Stirn an. Er hatte einen dunkelblauen Kugelschreiber verwendet und zahllose, sehr feine Striche aneinander gefügt. Allein dadurch, dass er die Striche dichter oder weiter entfernt gesetzt hatte, war eine Musterung entstanden. Wenn man von links auf das Bild sah, ergab die Musterung die Kontur eines Frauenkörpers. Etwas, das auf den ersten Blick kaum jemandem auffiel. Nestel wurde jetzt ein bisschen verlegen. Obwohl er nach wie vor nichts sagte, bemerkte Jule es an dem sanften Rot, das in seine Ohren stieg. Die Kollegin ließ sich davon nicht stören und fragte: „Malst du öfter?" „Ja", sagte Nestel, und obwohl er sich ein wenig unwohl fühlte, etwas verunsichert, weil dieser Tag auf einmal einen Verlauf nahm, wie er ihn gar nicht kannte, war auch ein gewisses Leuchten in seinen Augen zu erkennen. Ein Glanz, wie er jedem Menschen eigen ist, wenn er sich erkannt fühlt. Jule stand die ganze Zeit sehr nahe neben Nestel, ihre strammen Brüste fast auf derselben Höhe wie seine Augen, da er auf seinem Schreibtischstuhl saß. Gemeinsam wanderten ihre Blicke über die Kugelschreiberstriche und dann sagte Nestel plötzlich: „Wenn du Interesse hast, kannst du gerne mal meine Gemälde besichtigen." Seine Stimme klang ein bisschen anders als sonst. Es war, als wenn die Christbaumkugeln durch einen Luftzug in Bewegung geraten wären und nun leise aneinander klirrten. Ein leichtes Zittern lag in seinem Satz, ähnlich den Saiten einer Geige schienen seine Stimmbänder noch nachzuschwingen, nachdem er das jeweilige Wort ausgesprochen hatte. „Es sind sehr viele", fügte er hinzu, wie um klar zu machen, dass er sie nicht unter den Arm klemmen und zum Büro tragen konnte.

„Ok, wann kann ich vorbeikommen?" Jule hatte ihre Chance sofort begriffen. Ohne dass sie es geplant oder in besonderer Weise darauf abgesehen hatte, bestand plötzlich die Möglichkeit Nestel ein wenig besser kennen zu lernen. Für Jule gab es in diesem Moment keinen Zweifel, dass sie großes Interesse daran hatte. Obwohl oder auch gerade weil Nestel seine Arbeitstage in so stiller, fast zwanghaft gleichförmiger Weise gestaltete, war Jule sehr neugierig auf diesen Menschen. Das lag einerseits an Jules Charakter, die sich nahezu für alles interessiert, aber es war vielleicht auch darin begründet, dass es immer wieder zwischen Nestel und Jule Begegnungen gegeben hatte, in denen Jule den Eindruck gewonnen hatte, dass ihr Kollege nicht schwieg, weil es ihm an Ideen, an Gedanken und Kreativität mangelte. Er schwieg, weil kein geeignetes Gegenüber vorhanden war. Und Jule, mit ihrem unerschütterlichen Selbstbewusstsein, wollte zumindest eines klar stellen: Dass sie ein Gegenüber ist, mit dem sich das Gespräch lohnt.

Dennoch ist der Abend, an dem Jule dann Nestels Bilder besichtigt, ein eher verkrampftes Ereignis. Immerhin betrachtet sie seine Bilder, die wie hingeworfen die ganze Wohnung erfüllen, mit großer Sorgfalt. Sie ist weiterhin beeindruckt. Seine Gemälde bewegen sich an der Grenze zwischen abstrakt, phantastisch und realistisch. Wer bekannte Strukturen braucht, um ein Bild zu mögen, findet sie immer auf Nestels Bildern: Ein Tier, einen Menschen, eine Landschaft. Irgendetwas, das vertraut ist, das man mag und kennt. Aber sogleich wird einem das Vertraute wieder entrissen, weil sich die Strukturen in ein Nichts verlieren, in ein neues Muster, in sphärische Farben oder wolkige Lichteffekte.

„Stellst du deine Bilder auch manchmal in Galerien aus?", fragt Jule irgendwann. Sie wundert sich doch ein bisschen, dass diese ganzen Schätze hier wie vergessene Arbeitsproben in der Wohnung verstreut sind. Sie muss ständig aufpassen, nicht irgendwo versehentlich auf ein Bild zu treten.

„Ja, manchmal", antwortet Nestel, und obwohl ihn Jule eine Weile erwartungsvoll ansieht, ergänzt er keine weiteren Informationen, sondern sieht mit seinen aschegrauen Augen immer knapp an Jules Gesicht vorbei auf einen Punkt an der Wand hinter ihr oder einfach in den luftleeren Raum.

Wenn Nestels Bilder in einer Galerie ausgestellt werden, sind das durchaus größere Ausstellungen, bekannte Örtlichkeiten, Galerien, die ihren Namen haben und regelmäßig Besucher finden. Meistens steht die Galerie dann auch in der Zeitung, im Kleingedruckten findet man sogar gelegentlich Nestels Namen. Aber mehr auch nicht. Nestel bemüht sich nicht weiter um Werbung, dafür hätte er mit zu vielen Leuten reden müssen. Er vermeidet es auch, sich durch eine Vernissage zum Reden nötigen zu lassen. Wenn es eine Ansprache geben soll, dann ist der Galeriebesitzer dafür verantwortlich. So sieht Nestel das. Er steuert nur die Bilder dazu bei, die in langen Gängen an der Wand hängen und die Gäste dazu bringen, schwatzend und plaudernd durch die Räume zu laufen. Sie feilschen, diskutieren und besprechen das Wetter. Oft genug sehen sie an den Bildern einfach vorbei. Bis sie zu Nestels Gemälden kommen. Dann wird es still. Es ist immer wieder der gleiche Effekt. Kein Schweigen, das kurz darauf in Enthusiasmus zerreißt, aber auch keine betretene Stille, die pure Ablehnung gegenüber der Kunst verrät. Es ist ein berührtes Innehalten, eine sanfte Verlegenheit, weil niemand so recht darüber sprechen will, was er jetzt empfindet. Es ist zu persönlich, zu privat, um darüber zu plaudern, um es irgendwie öffentlich in einer Galerie auszusprechen. Die Leute stehen dann eine Weile an den Bildern, nicht zu lange, fast als hätten sie Angst ertappt zu werden, gefragt und ausgehorcht über ihre Meinung, ihre Gefühle. Manchmal gehen sie zum Schluss zum Galeriebesitzer, fragen nach allgemeinen Informationen über die Künstler, nehmen dann gelangweilt Prospekte entgegen und lauern wie Katzen bei der Mäusejagd, ob sie Informationen über Nestels Bilder erhalten. Aber sie fragen meistens nicht konkret danach, sie sagen selten, dass sie sich speziell für diesen Künstler interessieren, für diese Bilder, ihre Herkunft, ihren Erschaffer. Das verschweigen sie, bewahren es für sich, im Stillen, irgendwo eingegraben mit dem Nachklang der Farben. Gelegentlich besiegeln sie dieses Schweigen mit einem kurzen, sehr geschäftlich abgewickelten Kauf.

Mit Jule ist es nicht viel anders, auch sie ist berührt, manchmal nahezu erregt von der Sinnlichkeit, dem fast spürbaren Duft, der den Bildern entsteigt. Als sie vor der Kontur eines Frauenkörpers steht, die mit Blüten in grellen Farben erfüllt ist, fühlt sie sich auf so seltsame Weise nackt, dass es ihr schwer fällt, Nestel zu ertragen, der neben ihr steht, still wie immer, aber einen Schritt näher als sonst. Es ist, als hätte er damit eine unsichtbare Grenze überschritten, einen Bannkreis durchbrochen, aus dem sich Jule jetzt nicht mehr so ohne weiteres lösen kann. An ihren Achseln bilden sich kleine Schweißflecken auf dem T-Shirt, und sie spürt wie ihre Lippen rund und voll werden wie frisch geküsst. Schließlich sieht sie das Bild nur noch an, um nicht Nestel ansehen zu müssen, und bald danach beendet sie den Rundgang durch die Wohnung, weil sie sich erschöpft fühlt. Sie bleibt nicht mehr, um mit Nestel noch etwas zu trinken oder zu plaudern, obwohl sie das zunächst ganz selbstverständlich vorgehabt hat. Aber dann ist ihr wohler dabei zu Mute, direkt nach der Bilderbesichtigung die Wohnung wieder zu verlassen. Außerdem hat ihr Nestel auch gar nichts zu trinken angeboten. Als sie im Flur in ihre Jacke schlüpft, fragt sie noch: „Wo nimmst du bloß die ganzen Ideen her? Ist ja eine Wahnsinns-Vielfalt in deinen Bildern."

„Die sind einfach so da", antwortet Nestel mit seiner Christbaumkugelstimme. Jule schließt den Reißverschluss ihrer Jacke und sieht Nestel an. Ihre Augenbrauen sind leicht nach oben gezogen, ihre Stirn gerunzelt. Offensichtlich ist sie mit dieser Antwort noch nicht zufrieden. „Was soll das heißen, sie sind einfach da?"

„Na, die Bilder liegen in der Luft." Nestel breitet die Arme aus, als wolle er gerade ein paar neue Bilder einfangen. „Ich atme sie ein und dann bevölkern sie meinen Kopf, bis er schmerzt ..."

„Es schmerzt?"

„Ja."

„Und dann, wenn du sie gemalt hast, dann schmerzen sie nicht mehr?"

„Natürlich nicht."

Jule wendet sich zur Tür.

„Bis morgen."

„Bis morgen."

Jule und Nestel geben sich zum Abschied nicht die Hand, erst als Jule bereits die ersten Stufen der Treppe nach unten gegangen ist, dreht sie sich noch einmal um und hebt die rechte Hand zum Gruß. Nestel steht vor seiner Wohnungstür, lächelt jetzt, hebt ebenfalls die rechte Hand und wartet, bis Jule aus seinem Sichtfeld verschwunden ist. Als sie den zweiten Treppenabsatz erreicht hat, hört sie Nestels Wohnungstür ins Schloss schlagen. Vor dem Haus bleibt sie einen Moment stehen, atmet die kühle Abendluft ein und schlendert dann langsam zu ihrem Auto. Sie schließt den Wagen auf, stellt ihre Handtasche auf den Beifahrersitz und schiebt den Zündschlüssel ins Schloss. Dann hält sie noch einmal inne, denkt an die vielen Gemälde, an Nestel und seine Aussage, dass die Bilder in seinem Kopf schmerzen. Jule fragt sich, und das nicht zum ersten Mal, ob Nestel eigentlich glücklich ist. „Es ist ein einsames Leben", sagt sie zur Windschutzscheibe. „Und wenn die Ideen im Kopf auch noch weh tun ...?!" Jule lässt den Motor an, schaltet die Scheinwerfer ein, einen Moment lässt sie den Motor warm laufen. Kurz bevor sie anfängt das Lenkrad zu drehen, um aus der Parklücke zu fahren, muss sie plötzlich lächeln. „Solche schönen Bilder! Vielleicht ist das auch eine Form des Glücks: Dem Schmerz eine Form zu geben." Jule nickt der Windschutzscheibe zu, klopft einmal auf das Lenkrad, dann fährt sie los.

Termine

Rituale sind die Sicherheitsleinen am Boot des Lebens.

Nestel delegiert den Verkauf seiner Bilder in der Regel an den Galeriebesitzer. Er ist nicht daran interessiert, mit den Käufern ins Gespräch zu kommen, so wie er eben überhaupt selten den Austausch von Worten genießt. Jules Besuch hat Nestel zwar gefreut, aber auch dieses Treffen blieb entsprechend schweigsam. Nestel redet einfach nicht gerne, auch nicht über seine Bilder. Dennoch ist er kein ganz verschlossener Typ. Vielleicht ist er sogar in einer Weise offen für vieles, wie es sich bei wenigen Menschen findet. Man könnte es eher schutzlos nennen. Die Wucht, mit der die Sinneseindrücke in Nestels Nase, Augen, Ohren, Mund und Poren eindringen, vergleicht er selbst manchmal mit dem Gefühl, permanent in einem schweren Hagelregen zu stehen. Das kann sehr schmerzhaft sein. Da er das Leben mit dieser Intensität wahrnimmt, etwas, was andere höchstens unter Drogeneinfluss erreichen, bemüht sich Nestel, die Heftigkeit der Erfahrungen durch sein Verhalten zu mindern. Er begrenzt die Begegnungen mit Menschen und er liebt die Regelmäßigkeit. Sein fast zwanghaftes Einhalten der Tagesstruktur, seine Rituale sind die Sicherheitsleinen, an denen er das Boot seines Lebens befestigt. Damit stellt er sicher, dass ihn die vielen Wahrnehmungen nicht fortschwemmen. Nestel interessiert sich für die Besichtigung anderer Gemälde, auch Konzerte besucht er gern. Solche Abwechslungen gibt es also durchaus in seinem Alltag. Aber die menschlichen Kontakte, die andere bei kulturellen Veranstaltungen genießen, versucht er weitgehend zu vermeiden. Menschen, diese unerschöpfliche Quelle unkontrollierbarer Ereignisse, überfordern Nestels Sinne schnell. Sein gesellschaftliches Leben ist deshalb, sofern vorhanden, in gewisser Weise bizarr. Es besteht aus Theater, Konzert- oder Ausstellungsbesuchen, dem sanften Kopfnicken zu Frau Tördau und dem höflichen Ausharren zwischen menschlichen Ausdünstungen im Supermarkt. Man findet Nestel also an denselben Orten wie andere Menschen auch, aber man sieht ihn nicht ins Gespräch vertieft, sondern stets in sich selbst oder das, worauf er sich gerade konzentriert. Versunken in die Musik, in das Bild oder die Dose, die er aus dem Einkaufswagen nimmt und auf das Förderband legt. „Guten Tag", sagt die Kassiererin mechanisch, wenn Nestel seine Ware auf das Förderband stellt, und dann entsteht eine kleine Pause, ein Loch im Tagesablauf der Kassiererin, die gewöhnt ist, dass auf ihren Gruß ein Echo folgt, etwas, das die Anonymität überbrückt, die Stille. Nestel baut keine derartigen Brücken, vielleicht, weil er fürchtet, dann mit dieser stillen Masse um ihn her zu verschmelzen, sich aufzulösen in den fremden Worten und Gesichtern, während die Stille eine Grenze setzt, einen Abstand schafft, den Nestel braucht. Einsamkeit als Schutzmantel. So wie die schwarzen Striche in seinen Gemälden Grenzen schaffen zwischen der einen und der anderen Farbe. Die Stille ist so eine schwarze

Farbe im täglichen Leben. Vielleicht erscheint es Nestel manchmal aber auch nur zu mühsam, die Lippen zu bewegen, Worte zu formulieren. Er weiß nicht, wieso er „Guten Tag" wünschen soll, obwohl ihm das Ergehen der Kassiererin doch ganz gleichgültig ist. Er kennt sie schließlich nicht und er will sie auch nicht kennen lernen. Er hat ohnehin die Vorstellung, dass die Kassiererin ihr ganzes Leben auf diesem engen kleinen Stuhl zwischen Förderband und Kasse verbringt. Der Kittel mit den senkrechten, blauen Streifen verstärkt Nestels Eindruck, dass sie dort gefangen ist und ihr einziger Fluchtweg darin besteht, dass sie jeden Tag ein bisschen dicker wird. Ihr Körper quillt über den kleinen Drehstuhl, wird nur von der Kasse auf der einen und vom Förderband auf der anderen Seite begrenzt. Immer wieder fragt sich Nestel, wie lange es wohl dauern wird, bis die Kassenschublade nicht mehr mit einem Klingelton aufspringen wird, sondern mit dumpfem Seufzen in dem Bauch-Brustgewölbe der Kassiererin versinkt. Mehr hat er allerdings noch nicht über diese Kassiererin nachgedacht, Nestel beschränkt sich lieber auf das, was wichtig ist. Wichtig ist das, was auf seiner Skala wenigstens zwischen eins und fünf liegt. Das sind seine Bilder, seine Spaziergänge, seine Arbeit und eigentlich ist es auch Theodor. Nur hat Nestel seinem Freund noch nie eine Nummer auf seiner Skala zugewiesen. Manches lässt sich einfach nicht einsortieren oder es ist aus irgendeinem Grund nicht nötig.

In einen dicken Kalender, den Nestel zu Hause in der Küche liegen hat, trägt er mit einem blauen Füller alle Termine ein, die es in seinem Leben gibt. Nur selten gibt es einen grünen Vermerk daneben, der das persönliche Zusammentreffen mit einem Menschen beschreibt. Er notiert die Uhrzeit, den Ort, meistens auch ein Thema. Einkauf am Gemüsestand. Beethoven-Konzert. Kühlschrankreparatur. Dieser Kalender ist sehr wichtig für Nestel, er blättert oft darin, ergänzt einzelne Buchstaben, Notizen, fügt Kreuzchen oder andere Zeichen ein, die für niemanden außer ihm verständlich sind. Manchmal notiert er auch ganze Sätze, dann bekommt der Kalender schon fast die Qualität eines Tagebuchs. Neben dieser Buchführung fertigt Nestel stets noch eine Unzahl von Zetteln an. Alle Termine, die er hat, notiert er nicht nur im Kalender, sondern zusätzlich auf einem anderen Papier. Dafür verwendet er häufig alte Briefumschläge, Zeitungsränder, manchmal auch Notizblöcke, aber das eher selten. Diese Zettel legt er dann auf den Küchentisch, gelegentlich klebt er sie sogar dort fest, befestigt sie mit einem kleinen Streifen Tesafilm an dem Holz, so dass sie exakt ihren Platz einhalten, wie die Zeiger einer Uhr. Wenn der Termin verstrichen ist, hakt er ihn auf diesen Papieren ab, streicht den Termin durch oder – falls nichts Ungestrichenes mehr auf dem Blatt notiert ist – wirft er den ganzen Zettel in den Mülleimer. Da er diese Erinnerungszettel immer auf dem Küchentisch positioniert, erhalten sie in aller Regel im Laufe ihres Daseins verschiedene Flecken.

Morgens tropft Joghurt oder Orangensaft darauf, abends verschiedene Tees, Kakao oder Limonade. Wenn Theodor zu Besuch kommt, kocht Nestel in der Regel einen riesigen Topf Früchtetee, den er mit Zimt, Ingwer und Kardamom abschmeckt, so dass zu jeder Jahreszeit ein fast weihnachtlich würziger Duft durch die Wohnung zieht. Mit diesem leuchtend roten Tee tropft er dann häufig auf seine Erinnerungszettel, die daraufhin wellig und rosarot werden, so dass er sie manchmal vor Erreichen des jeweiligen Termins wegwerfen muss. Er tut das aber nie, ohne sie durch neue Zettel zu ersetzen, auf die er mit seiner etwas krakeligen Schrift das entsprechende Datum, das jeweilige Thema erneut notiert. Es geht nichts verloren bei Nestel. Es ist, als ob er mit den Notizen seine Gedanken einfängt, sich bemüht eine Ordnung herzustellen, die sich aber zugleich in der Vielfalt der Zettel wieder auflöst. Nestels Küche, überhaupt die ganze Wohnung, ist eher karg eingerichtet. Sie ist bunt durch das Chaos, das in ihr herrscht, die Pinsel, die sich durch die Wohnung streuen, Bilder, Skizzen, Angefangenes, Unvollendetes. An den Wänden hängen allerdings keine Bilder. Ein paar Nägel hier und da, eine graue Spur verrät, dass dort kurzfristig der Platz eines Bilderrahmens gewesen war. Aber die Gemälde hängen nicht mehr dort, sie stehen auf dem Boden, in den Regalen, liegen fein säuberlich gestapelt im Schrank, verstauben glasgerahmt in den Ecken. Es ist, als ob alle Bilder darauf warten, im nächsten Moment abgeholt zu werden. Sie sind nur auf der Durchreise in Nestels Wohnung.

Mit einer Ausnahme: Über dem Klavier hängt ein holzgerahmtes Bild. Ein Kind mit Lockenkopf. Helles Holz, nur schmal der Rahmen, kaum wahrnehmbar, nur gerade als Kante, die das Bilder-Kind von der Wand trennt, die es einrahmt, fast beschützt. Es ist kein Gemälde, sondern eine Fotografie, ein künstlerisches Foto, schwarz-weiß, mit weichen Konturen. Im Hintergrund ein Garten, Frühlingsbäume, die duftend, farbenprächtig, grün erscheinen, obwohl nur Grautöne zu sehen sind. Im Vordergrund sieht man das Kind, das schmale Lächeln eines hellblond gelockten Jungen. Er ist höchstens fünf Jahre alt, hat das Gesicht dem Fotografen zugewendet, ohne ihn wirklich anzusehen. Sein Blick reicht in eine Ferne, die gemessen an dem jugendlichen Alter viel zu weit zu sein scheint. Es ist fast ein allwissender Blick, nicht altklug dabei, aber mit einer Intensität, einer Schärfe, das man sich jetzt noch beobachtet fühlt, wenn man nur im selben Zimmer ist wie dieses Foto-Kind. „Nestel" steht unter dem Jungen, in akkurater Schrift, mit Füllfederhalter auf das Fotopapier gekratzt. Er ist nicht vollständig auf dem Bild zu sehen, nur der Kopf, die Schultern, die tief in die Hosentaschen geschobenen Hände. Genau auf den Taschen, an der Stelle, an der die Kinderarme in der Hose verschwinden, ist die Füllfederschrift. Wenn die Schrift nicht wäre, würde man Nestel auf dem Bild kaum erkennen. Seine unterdessen lackschwarzen Haare scheinen unmöglich einmal blond gewesen zu sein, sein ovales Gesicht hat kaum Ähnlichkeit mit den weichen, runden Gesichtszügen dieses Kindes, dessen Haut so völlig makellos und unzerkratzt ist. Nur die Augen, der Blick hat eine gewisse Ähnlichkeit, das Hinausragen über den Augenblick, über das Gegenüber, irgendwohin, zu einem Ort, einer Welt, die nicht jedem zugänglich ist. Dieser Blick ist es, den der alte und der junge Nestel gemeinsam haben.

Der Überfall

Es ist die Frage, ob man von einer Rettung sprechen kann, wenn jemand in ein Leben zurückgebracht wird, das dieser Jemand schrecklich findet.

Nestel macht nicht nur jeden Abend seinen Spaziergang, sondern er verlässt auch mittags in der Regel sein Büro, um ein paar Besorgungen zu machen, um die Dinge zu erledigen, die er auf seinen Zetteln oder in dem Kalender notiert hat. Er geht im Allgemeinen zu Fuß, manchmal fährt er auch ein paar Stationen mit der Straßenbahn. Er geht zur Post, zur Bank oder in den Supermarkt, zerrt die kleinen, zerknitterten Zettel aus seiner Hosentasche, kauft die Dinge, die auf dem Papier stehen und manchmal auch ein bisschen mehr.

An dem Tag, als Nestel Zeuge eines Überfalls wird, hat er nur vorgehabt, sich zwei Brötchen zum Mittagessen zu holen, ansonsten hatte er keine Erledigungen zu machen.

Der Weg vom Büro führt über graue Pflastersteine leicht bergab, wegen der parkenden Autos ist der Bürgersteig auf wenige Meter eingeengt und Nestel drängt sich deshalb an die Hausmauer, um die Autos nicht zu berühren oder gar zu verkratzen. Nestel ist ein sehr vorsichtiger Mensch, deshalb geht er die abschüssige Straße mit Bedacht und großer Aufmerksamkeit. An der Ecke, an der die Hausmauern enden, befindet sich eine Telefonzelle, noch eines dieser älteren gelben Modelle, die mit Glaswänden und Tür den

Telefonierenden von der restlichen Welt abgrenzen, daneben eine Kreuzung mit einer Fußgängerampel. Jenseits der Ampel liegt die Straßenbahnstation, die er gelegentlich aufsucht. Diesmal jedoch will Nestel an der Ampel nur die Straße überqueren, an der Bahnstation vorbeigehen, um dann die andere Straßenseite zu erreichen und von dort aus den Fußweg zur Bäckerei zu nehmen. Aber als Nestel aus dem Schutz der Häusermauern heraustritt, die Ampel, die gerade auf rot springt bereits im Visier, bemerkt er in der Telefonzelle ein Gerangel, einen Tumult. Zunächst hält er es für spielende Kinder, zumal die eine Person sehr zierlich ist. Er beachtet die Bewegungen in der Telefonzelle nur mit einem Anflug von Neugier, den jede unerwartete Bewegung in einem erweckt. Er fixiert statt dessen immer noch das rote Ampellicht. Aber dann ertönen plötzlich Schreie: „Lass mich in Ruhe, Hilfe!" Es klingt verzweifelt. Jetzt werden Nestels Sinne schlagartig geschärft, sekundenschnell registriert er, dass es sich in der Telefonzelle nicht um spielende Kinder, sondern um ein Paar, eine Frau und einen Mann, handelt. Die Frau ist in die Ecke gedrängt, reißt ihre Arme nach oben, schreit. Das genügt. Nestel zögert keine Sekunde und stürmt auf die Telefonzelle zu, mit ihm noch ein anderer Mann sowie eine korpulente Frau. Der andere reißt die Telefonzellentür auf, der Täter rennt fort, verfolgt von dem jungen Mann, der die Tür geöffnet hat. Die korpulente Frau jammert irgendetwas Zusammenhangloses. Nestel beobachtet nicht mehr, wie weit die Verfolgungsjagd geht, achtet nicht auf das Jammern der Korpulenten, er wendet sich der Frau in der Telefonzelle zu. Sie kauert unterdessen auf dem Fußboden. Sie weint und zittert, scheint aber nicht ernsthaft verletzt. Es gibt keine Blutspuren, nur eine zerwühlte Handtasche, deren Inhalt die Frau jetzt schluchzend aufsammelt. Nestel bückt sich, hilft ihr, tut das selbstverständlich, konzentriert sich auf den Lippenstift, das Handy, das er aufhebt. Erst dann sieht er die Frau an, nimmt ihren schmalen Körper wahr, ihre zarten Schultern. Schultern, die er schon einmal in der Hand gehalten hat. Die Eisenaugen schießen ihm plötzlich entgegen wie kleine Kanonenkugeln. Auch sie erinnert sich. Sie sagen nichts, beide nicht, sprechen nichts, nur ihre Augen haken sich ineinander, kreisen und tanzen eine Weile gemeinsam, bis sie sich schwindlig fühlen, alle beide. Sie schluchzt noch immer, zwei Passanten stehen jetzt hinter der Telefonzelle, fragen etwas, alarmieren die Polizei. Das alles passiert weit entfernt, in einer anderen Welt, einen Meter über den Köpfen von Nestel und der Überfallenen, irgendwo in einer Welt, die bemüht ist sich zu ordnen, zu sortieren, so wie Nestel den Handtascheninhalt sortiert. Die Frau sammelt ein paar Geldstücke aus der Ritze der Telefonzellentür, ein Euro hat sich fest verkeilt, trotzt ihren zarten Fingerspitzen, wartet bis Nestels Pranken darüber rollen, das Silber drücken, schieben, heben, ihr dann klingelnd in das Portemonnaie werfen. Zuletzt fischt er noch eine Visitenkarte von den Pflastersteinen, pellt sie mit spitzen Fingerkuppen vom Asphalt, dreht die bedruckte Seite zu seinem Gesicht, liest: *Cora Timmelstuk, Tanzlehrerin, Unterricht nach persönlicher Absprache.* Daneben eine Telefonnummer. Nestel hält die Visitenkarte eine ganze Weile in der Hand, lange genug, um den Namen und die Telefonnummer drei, viermal zu lesen. Unterdessen ist die Polizei eingetroffen, zwei tiefe Stimmen schallen über die Straße, dröhnen irgendwo in dieser anderen Welt, die sich jetzt wie ein heraneilender Orkan über die beiden Sitzenden schüttet, ihre Ohren durchdringt, ihre Augen, ihr ganzes Beieinandersein zerreißt. Nestel gibt Frau Timmelstuk die Visitenkarte nicht zurück, er steckt sie ein, ihr leichtes Nicken dazu, ihr Lächeln, das mitten in dem weinenden, schmerzverzerrten Gesicht entstanden ist wie die Welle auf der Wasseroberfläche, nachdem sie ein Stein durchdrungen hat.

„Sie sind die Geschädigte? Kennen sie den Täter?", fragt der Uniformierte barsch. Frau Timmelstuk schiebt sich, den Rücken gegen die Telefonzellenwand drückend, nach oben, bis sie ihren ganzen schmalen Körper aufgerichtet hat. Trotzdem ist sie zwei Köpfe kleiner als der Polizist.

„Ja", sagt Frau Timmelstuk mit zitternder Stimme. „Wir haben eine Zeit lang zusammen gewohnt. Aber jetzt nicht mehr. Jetzt will ich schon lange nicht mehr." Nestel hört genau zu, was sie sagt, erfasst jedes Wort, obwohl es ihm ein bisschen peinlich ist, zu persönlich, um für ihn bestimmt zu sein. Aber aus irgendeinem Grund hat er Interesse. Er denkt an den Mittwoch auf der Brücke, an die Verzweiflung, die er in ihren Schultern gespürt hat. Und er überlegt, ob es vielleicht wirklich klug gewesen wäre, vor den Zug zu springen. Klüger zumindest, als von einem Mann zu Tode geprügelt zu werden. Aber im Moment hat Frau Timmelstuk überlebt, sie ist gerettet worden, vor dem Brückensprung und vor dem Mann, nicht zuletzt dank Nestels Hilfe. Das macht ihn ein bisschen stolz. Aber es verwirrt ihn auch. Er ist sich gar nicht so sicher, ob man von einer Rettung sprechen kann, wenn jemand in ein Leben zurückgebracht wird, das dieser Mensch schrecklich findet. Einen Augenblick lang fragt Nestel sich allerdings auch, warum dieser Mann so eine Wut auf diese Frau verspürt, wieso er das Risiko eingeht, sich strafbar zu machen, nur um seine Aggressionen auszuleben. Vielleicht ist es eine Rache. Niemand kann wissen, was Frau Timmelstuk möglicherweise getan hat, womit sie ihren Ex-Partner zuvor verletzt hat. Zumindest weiß es niemand von den Umstehenden, die alle sichtlich mit der zarten Frau fühlen. Nestel denkt über alle diese Dinge nach, während ihn ein Polizeibeamter nach seinem Ausweis fragt und ihn darauf hinweist, dass er gegebenenfalls als Zeuge befragt werden wird. Jetzt kann er aber erst einmal gehen. Nestel geht also zum Bäcker, so wie er es ursprünglich geplant hat. Er kauft zwei Baguette-Brötchen mit Käse, läuft jedoch angesichts der fortgeschrittenen Zeit zurück in die Redaktion, ohne die Brötchen zu essen.

Im Büro spricht er mit niemanden über das Ereignis, er bleibt still wie immer, wechselt nur mit Herrn Bremer ein paar dienstliche Worte wegen eines neuen Artikels. Als Nestel am nächsten Tag eine kleine Notiz zu dem Überfall in der Tageszeitung findet, schneidet er den Artikel aus und klebt ihn auf der rechten äußeren Ecke seines Schreibtischs fest. Das ist das einzige Zeichen, das zeigt, dass das Ereignis eine besondere Bedeutung für Nestel hat.

Cora

Zwei, die eins sind, sind nicht nah, sondern verschmolzen.

Als Nestel das erste Mal mit Cora intim wird, weiß er über Sexualität nicht viel mehr als ein bisschen Theorie, und von Cora kennt er eigentlich nur die Telefonnummer wirklich genau. Praktische Erfahrung mit Frauen hat Nestel bisher nur im Händchenhalten, das allerdings hat er vergleichsweise mit vielen Frauen praktiziert, ist mit ihnen Fingerspitzen kosend durch Parks spaziert oder hat bei Konzertbesuchen ihre kühlen Hände in seinen warmen Pranken gewärmt. Das war im Alter von etwa 25 Jahren. Aber er hat festgestellt, dass Frauen, deren Hand er ergreift, ihren Blick verändern, dass sie etwas Katzenhaftes bekommen, etwas Hingebungsvolles, Schnurrendes und zugleich Erwartungsfrohes. Manchmal taucht auch ein gewisser Eroberungsdrang in ihren Augen auf, aber immer verändert sich etwas, und Veränderungen sind Nestel unheimlich. Also lässt er das sein, das Händchenhalten, achtet auf die Grenze zum weiblichen Geschlecht mit besonderem Spürsinn, besonderer Aufmerksamkeit. Er ist jetzt 35 Jahre alt, und die letzte Frauenhand, die er gewärmt hat, liegt schon zehn Jahre zurück. Nur wegen seines guten Gedächtnisses kann er sich überhaupt noch daran erinnern. Da es Nestel an Erfahrungen, seit jeher aber auch an Interesse gegenüber seinen Altersgenossen mangelt, hat er sich auch mit fast niemandem über dieses Thema ausgetauscht. Theodor stellt in dieser Hinsicht, wie so oft, eine Ausnahme dar. Nicht, dass sie stundenlang über Frauengeschichten miteinander gesprochen hätten, dazu hätte Theodor ohnehin genauso wenig beitragen können wie Nestel, aber sie wichen dem Thema auch nicht aus, wenn es sich stellte. Einmal, sie saßen gerade bei einer Tasse Früchtetee in Nestels Küche zusammen, erklärte Theodor Nestel, dass er den Sommer so anstrengend fand. Wegen der Frauen. Als Nestel daraufhin nicht sofort zustimmend nickte, sondern ein bisschen die Augenbrauen hob, fuhr Theodor sogleich freimütig fort: „Die Frauen haben im Sommer so wenig an. Keine langen Hosen. Höchstens lange Röcke mit tiefen Seitenschlitzen. Manchmal kurze Hosen oder kurze Röcke. Oder irgendwie – so wenig über der Haut." Unterdessen nickte Nestel und Theodor sprach weiter. „Solche langen Beine oder manchmal auch kurze Beine, aber diese nackten Beine, die machen mich durcheinander." Dann beugte er sich ein Stück weit über den Tisch, an der Tasse mit dem Früchtetee vorbei, näher an Nestels Gesicht heran und flüsterte mit vertraulicher Stimme: „Manchmal bücken sie sich und man sieht bis hinauf zu den Slips." Theodor rollte jetzt seine Augen über dem diesmal unrasierten Gesicht, lehnte sich wieder zurück und zuckte unkontrolliert mit seinen Händen. „Und dann bekomme ich so seltsame Gefühle." Es war nicht sicher, ob Theodors Handbewegungen das Gesagte unterstreichen sollten oder ob es Zuckungen waren, die sich ganz seiner

Kontrolle entzogen. Nestel und Theodor schwiegen eine Weile, Theodor zuckte und grimassierte auch mit seinem Gesicht, trotzdem blieben die Freunde in gewissem Sinn andächtig, ernsthaft. Es war ein unbeholfenes Gespräch, die Unsicherheit lag spürbar im Raum, aber es war auch sehr ehrlich.

„Ich glaube, ich meine ... es ist einfach eine Sehnsucht nach einem ... Loch ..." Theodor sprach mittlerweile abgehackt, so, als hätte er keine passenden Worte zur Verfügung, nur Fragmente, die etwas zusammenhanglos von seinen zuckenden Lippen kippen. Er beachtete Nestel nicht wirklich, es war eher ein Selbstgespräch, ein Nachsinnen über seine eigenen Bedürfnisse. „Aber solche Löcher sind wohl immer irgendwie mit Frauen verbunden." Theodor seufzte. „Und die Frauen machen mir Angst." Wenn andere Menschen diese Darstellung von Theodor gehört hätten, hätten sie vielleicht gelacht, hätten den Gedankenansatz und die Ausdrucksweise albern gefunden. Aber Nestel blieb ernst, genau wie Theodor. Es war kein Spaß. Theodor war ängstlich, unerfahren und schmerzhaft ehrlich. Nestel konnte seinen Freund verstehen.

Nestel lebt in gewisser Weise zurückgezogener als Theodor, konzentriert auf seine Tätigkeiten. Er vermeidet von vornherein andere Menschen zu beachten, Frauen sowieso, deshalb leidet er nicht so sehr an den leicht bekleideten Damen, den Frauen, die Gefühle wecken, ohne eine Gebrauchsanleitung mitzuliefern, wie man damit umgehen könnte. Aber Nestel konnte

Theodors Dilemma nachfühlen, weil es von dem seinen nicht so wirklich verschieden war. Er wurde, während er Theodor zuhörte, sogar etwas wehmütig. Die Erinnerung an die warmen Hände im Park tauchten wieder auf und er überlegte, ob vielleicht auch etwas Schönes hätte daraus werden können, aus so einem hingebungsvollen Blick. Er sprach auch eine Weile mit Theodor darüber, ob es vielleicht schön sein könnte mit einer Frau. Mit ihr zu frühstücken, mit ihr spazieren zu gehen, vielleicht sogar neben ihr einzuschlafen, am Morgen neben ihr aufzuwachen, sie zu riechen, zu spüren. Sie dachten das eine Weile schweigend durch, Nestel und Theodor, aber konnten es sich nicht so recht vorstellen. Es lagen zu viele Hürden dazwischen.

Das ist also Nestels Kenntnisstand, als er Cora das erste Mal besucht. Der Besuch ist nach der Begegnung an der Telefonzelle fast selbstverständlich entstanden. Nestel hat die Visitenkarte mit nach Hause genommen, sie an seinem Notizkalender befestigt und hat dann irgendeinen Tag in diesem Kalender markiert, an dem er Frau Timmelstuk anrufen will. Er verfolgt dabei kein bestimmtes Ziel, strebt nicht wirklich einen näheren Kontakt mit ihr an, jedenfalls nicht bewusst. Er will nur fragen, wie es ihr geht. Es ist selten, dass es ihn interessiert, wie es einem anderen Menschen ergeht, und wenn er ein solches Interesse verspürt, handelt er auch danach.

Das Telefonat hat dann jedoch sehr schnell eine ganz verblüffende Wendung genommen. Frau Timmelstuk hat sich als Cora vorgestellt und Nestel mehrfach zum

Lachen gebracht. Als er auflegt, sind sie bereits für drei verschiedene Tage verabredet. So etwas ist ihm noch nie passiert.

Bei ihrem ersten Treffen sind sie zusammen im Konzert, hören Musik, lächeln sich an, um sich dann gleich danach wieder zu verabschieden. Beim zweiten Mal besuchen sie eine Galerie, sprechen dabei schon ein bisschen mehr miteinander, nicht nur über die Bilder. Beim dritten Treffen gehen Cora und Nestel zusammen spazieren. Sie schlendern eine ganz Zeit lang durch den kleinen Wiesengrund jenseits der Stadt, den Nestel sehr mag, obwohl er nicht zu seiner Standardrunde gehört. Er liegt etwa einen Kilometer südlich seines üblichen Wegs. Während der knapp zwei Stunden, die sie dort verbringen, haben sie den Rundweg vier, fünf mal wiederholt, immer wieder entlang der Kastanienallee, zu dem großen Stein, von dem aus man den Wiesengrund übersieht und dann zwischen den Himbeerhecken hindurch zu dem Buchenblatt überdachten Teilstück, an dem der Weg so voller Schlaglöcher und Wurzeln ist, dass sie ständig auf die Füße sehen müssen, um nicht zu stolpern. Obwohl sie das alles also mehrfach gehen, haben sie beide keinen Moment der Langeweile verspürt. Einerseits nicht, weil sie immer wieder neue Blickwinkel entdecken, verschiedene Blumen, ein Schmetterling, ein Vogel oder etwas anderes, was sie beide interessiert. Andererseits ist es aber auch deshalb nicht langweilig, weil sie einander entdecken, sich auf immer wieder neue Weise wahrnehmen, ihr Lächeln studieren, ihren

Geruch, ihre Bewegungen und davon nicht müde werden. Im Gegenteil, es macht sich eine gewisse Form der Spannung breit, und wenn Nestel über sich selbst nachgedacht hätte, dann hätte er sich wahrscheinlich gewundert, wieso er plötzlich so gesprächig ist, so interessiert an einem Menschen, dass er sogar seine Unsicherheit fast vergisst. Aber an diesem Tag denkt Nestel nicht über sich nach, sondern ausschließlich über Cora.

Gegen vier Uhr nachmittags fragt Nestel, ob Cora vielleicht noch einen Kaffee mit ihm trinken will oder einen Kakao, und Cora sagt: „Bei dir zu Hause?" Nestel sagt „Ja", weil das die kürzeste Antwort ist, obwohl es bei ihm zu Hause ziemlich unordentlich ist und er nicht weiß, ob Cora damit zurecht kommt. Aber es ist überhaupt kein Problem, sie interessiert sich ein bisschen für Nestels fleckige Küchenzettel, trocknet die Tassen ab, die er spült, und dann sitzen sie mit ihren Tassen auf der Couch im Wohnzimmer, ohne dass Cora auch nur eine Bemerkung gemacht hätte, weil sie auf dem Weg zum Sofa über verschieden Farbpaletten und die Frühstücksteller vom Vortag steigen musste. Nestel entschuldigt sich halbherzig für die Unordnung, aber gewinnt nicht den Eindruck, dass das wichtig ist. Im Übrigen ist ihm ein bisschen schwindelig, von dem Kaffee, den er gekocht hat und den er gar nicht gewöhnt ist, oder von Coras Nähe, die er noch weniger gewöhnt ist.

Sie sprechen unterdessen kaum noch etwas, es ist so, als hätten sie auf dem Spaziergang bereits alles besprochen, obwohl sie da im Grunde nur über die Blumen geredet haben, das schöne Wetter, und Cora hat ein wenig von ihrer Arbeit als Tanzlehrerin erzählt. Sie mag ihren Beruf, obwohl er, wie sie berichtete, eigentlich ein Zugeständnis ist. Eigentlich hätte sie nur tanzen wollen, ausschließlich auf Bühnen tanzen, aber eine Verletzung im Fußgelenk verhinderte ihre Karriere. Nestel denkt dann darüber nach, ob denn gesunde Füße eine Sicherheitsgarantie für Erfolg gewesen wären, aber er stellt die Frage nicht, so wie er überhaupt selten etwas fragt. Er nimmt an, dass Cora erzählen wird, was sie erzählen will, und das ist genug. Es ist nicht Nestels Art, nach Antworten oder Informationen zu suchen, er ist der Ansicht, dass man finden kann, ohne mühsam zu suchen, nachzubohren oder in andere einzudringen. Das Wichtigste tritt irgendwann immer offen zu Tage, hat Nestel festgestellt. Man muss nur Geduld haben. Und jetzt, als sie auf der Couch sitzen und sich ein bisschen an ihren Tassen festhalten, ist deutlich zu spüren, dass sie sich gerne näher rücken würden. Alle beide sind neugierig auf die Haut des anderen und sind dabei doch sehr schüchtern. Cora findet als erste den Mut, legt ihre linke Hand auf Nestels rechten Oberschenkel, er spürt ihre feingliedrigen Knochen, die Wärme, die jetzt auf seinem Bein brennt wie ein kleines gieriges Feuer. Was sich anschließend ereignet, lässt sich für Nestel danach nur schwer der Reihe nach rekonstruieren. Während Cora später ihren Freundinnen viele erstaunliche Details dieser intimen Begegnung erzählt, malt Nestel nur ein kleines rotes Herz in seinen grünen Notizkalender, daneben schreibt er: „Sehr private Tanzstunde".

Tatsächlich hat diese Hand auf Nestels Oberschenkel eine für ihn nie gekannte Wirkung gehabt. Wenngleich er wenig soziale Kontakte hat, so ist es doch schon in der Straßenbahn oder im Supermarkt passiert, dass ein anderer Körper, eine Hand oder ein Bein seinen Oberschenkel berührt. Niemals hatte Nestel dabei jedoch mehr als ein gewisses Unwohlsein verspürt, das sich aber meistens gleich wieder verflüchtigte, sobald er wieder Distanz gewonnen hatte. Der wesentliche Unterschied bestand sicherlich darin, dass keine dieser Berührungen zielgerichtet oder in irgendeiner Absicht geschehen sind. Es waren versehentliche Berührungen, die Nestel kaum spürte, weil niemand ihnen Bedeutung beimaß. Aber als Coras Hand sich auf seinen Oberschenkel legte, bemühte sie sich zwar, das so selbstverständlich zu tun, als hätte sie nur zufällig ihr eigenes Bein mit dem seinen verwechselt, aber doch lag gerade in diesem Bemühen um Zufälligkeit so viel Bedeutung, so viel Zögern und dennoch Berühren, dass Nestels Herz bereits schneller klopfte, als ihre Finger noch nicht ganz auf seiner Hose lagen. Wäre die Begegnung wirklich zufällig entstanden, dann hätte Nestel wahrscheinlich gleich mit einem entschuldigenden Lächeln sein Knie zur Seite gedrückt, hätte Cora das Zurückziehen der Hand erleichtert und ein verlegenes „Oh, pardon" in den Raum geworfen. Aber es lag so viel Bedeutung, so viel Kraft in der sanften Berührung, dass Nestel vergaß, sich schüchtern zurückzuziehen, er vergaß einfach, dass Coras Hand nicht auf seinem Bein liegen musste, dass es nicht zwingend erforderlich war, sich so nah zu sein. Tatsächlich schien es eher, als ob es unbedingt notwendig war, genauso wesentlich wie das Atmen, das Nestel aber streckenweise ebenfalls vergaß, so dass sich sein Brustkorb in sehr unregelmäßigen Abständen, dann aber heftiger als sonst, hob und senkte. Vielleicht trug diese Art des Luftholens auch dazu bei, dass sich eine gewisse Hitze in seinem Körper sammelte, ein sanfter Wärmestrom, der sich in manchen Regionen verdichtete, als würde jemand eine warme Flüssigkeit in ihn hineinfüllen, die sich dort, wo der Durchfluss verwehrt war, zu kleinen Lava-Teichen sammelte. Nestel spürte deutlich, wie diese Wärme zeitgleich aus seinen Füßen aufstieg und von seinem Scheitel aus abwärts rieselte. Gerade dort, wo sich sein Gesäß in die Couch drückte, in der Mitte seines Körpers, trafen sich im Zentrum seiner Lenden der aufsteigende und der absteigende Strom, und wie eine Blüte, die sich der Sonne entgegen recken muss, fühlte er ein Dehnen, Strecken und Anspannen aller seiner Muskeln, ohne dass er das bewusst gewollt oder beschlossen hätte. Während Cora spürte, wie sich die Lippen zwischen ihren Beinen öffneten, sich ganz selbständig mit dem Glanz warmer Feuchtigkeit schminkten, empfand Nestel ein Größer-werden, Sich-ausdehnen und Sich-aufrichten, das zunehmend seinen zwanghaften Wunsch nach Gleichförmigkeit zur Seite sprengte. Wie aus den Schalen einer Zwiebel drängten seine Lustgefühle zwischen den Ängsten nach außen, bewegten seine rechte Hand auf Coras Knie, das unbekleidet war und sich rau anfühlte wie die Oberfläche seiner viel geliebten Leinwände. Nestel hatte nicht wirklich darüber nachgedacht oder die Bewegung geplant, als er mit seiner Hand allmählich vom Knie aufwärts glitt und dabei die Innenseite des Oberschenkels entlang tastete, aber er hatte in diesem Moment noch eine gewisse Klarheit verspürt, ein Bewusstsein darüber, dass er dabei war etwas zu erleben, was er noch nie erlebt hatte. Aber dann hatte sich Cora behutsam gedreht, hatte sich Nestel zugewendet, ihren linken Arm auf seine Schulter geschoben, ihren Kopf an seinem gerieben, ihren Mund gegen Nestels Lippen gedrückt und dabei ihre Beine nicht wieder zusammengedrückt, sondern weit auseinander gespreizt, so dass seine Hand nun fast zwangsläufig ihren schmalen, seidigen Slip spürte und die kleinen Locken, die daran vorbei quollen. Dann hatte er seine rechte Hand dazu genommen, der Zeigefinger war unter den Stoff gerutscht, war auf der warmen Feuchtigkeit in eine pulsierende Tiefe geglitten, und dann hatte ihn ein wohliges Schaudern erfasst, ein Zittern, das nicht mehr aufzuhalten war. Er hatte, wahrscheinlich zum ersten Mal in seinem Leben, vollständig die Kontrolle über sich verloren, war nur noch ein Schatten, der seinem Körper nacheilte, um die Lust mit ihm zu teilen, die sich jetzt unaufhaltsam durch jede Faser seines Körpers goss. Sie waren dabei allmählich von der Couch gerutscht, ihre Körper hatten angefangen sich miteinander zu bewegen, als wollten sie einen

Tanz aufführen, ein Kommunizieren, das sehr viel variantenreicher, sehr viel inniger war als ihre zaghaften Gespräche zuvor. Irgendwann lagen sie schließlich vollständig entkleidet auf dem Teppichboden, begrüßten und liebkosten jeden Zentimeter ihrer Körperteile, und der Moment, als Nestel in Cora eindrang, hatte sich vollständig seiner Planung, seinem Denken entzogen, es war wie eine tiefe Ohnmacht, ein kleiner Tod, aus dem sie mit Staunen, noch aneinandergeklammert wie Stürzende, nach Minuten im Niemandsland plötzlich wieder erwachten. Sie waren sich nicht nah, sie waren vollkommen zu einem Wesen miteinander verschmolzen. Als sie den Kaffee gekocht hatten, war es fünf Uhr Nachmittags gewesen, unterdessen war es dunkel, es war kühl auf dem Fußboden, dennoch blieben sie dort liegen, die ganze Nacht verbrachten sie auf dem Teppich, der ihre Haut bürstete und rieb wie eine nicht endende wollende Liebkosung einer riesigen Hand.

Als es Morgen wurde, stand Cora zuerst auf und sagte: „Wir sollten zusammen in Urlaub fahren, um uns besser kennen zu lernen."

„Ja", sagte Nestel ein weiteres Mal, ohne zu erwähnen, dass er noch nie in seinem Leben weiter als bis zur Endhaltestelle der Straßenbahn gereist war.

Der Urlaub

Jeder hat seine eigenen Sterne, doch sie gehören alle zu einem Universum.

Sie buchen zwei Wochen an der Ostsee. Es dauert nicht lange, bis sie sich entschieden haben, schon deshalb, weil Nestel größere Diskussionen scheut. Sie blättern einen Prospekt mit Ferienappartements durch, und als Nestel eine Abbildung entdeckt, die ihn an seine Wohnung erinnert, hält er inne, schiebt Cora den Katalog zu, legt seinen Finger auf die Preisliste und dann nicken sie sich zu. Cora kümmert sich um die Reservierung, und damit ist die Entscheidung getroffen.

Am Tag vor der Abreise trifft Nestel sich noch einmal mit Theodor. Sie sitzen in ihrem Stammlokal, ohne zu Abend zu essen. Nestel nippt an einem Tomatensaft und Theodor versucht das Colaglas mit seinen zuckenden Händen festzuhalten. „Morgen fahre ich mit Cora an die Ostsee", hat Nestel erklärt, direkt nachdem sie die Getränke bestellt haben. „Die Ostsee!", wiederholt Theodor mit gewissem Staunen. „Und was macht ihr an der Ostsee?"

„Das kann man vorher nicht so genau sagen", erwidert Nestel, und dann schweigen sie für die nächste halbe Stunde. Es ist ein nachdenkliches Schweigen, das Theodor schließlich mit dem Satz unterbricht: „Mir würde das Angst machen." Er erläutert das nicht weiter, beschreibt nicht, was er besonders fürchten würde, aber das scheint auch nicht notwendig zu sein,

Nestel hat bereits im ersten Moment genickt, spontan, nahezu erleichtert. Als Nestel seinen Tomatensaft fast ausgetrunken hat, sagt er schließlich: „Weißt du Theo, ich habe so oft Angst, da ist es im Grunde egal, ob ich diese Angst an der Ostsee habe oder hier." Die Freunde nicken sich wieder zu, dann bezahlt Nestel und sie verabreden sich für das nächste Treffen in vier Wochen, zur selben Zeit.

Nestel kann sich lange nicht entscheiden, was er in seinen Koffer packen soll, zumal es sich um ein älteres Modell handelt, das nicht allzu viel Gewicht verträgt. Als erstes packt er seine Farben und Papier ein, dann seinen Notizkalender, ein paar Badesachen, und dann nimmt er die Farben wieder heraus. Er spricht nicht mit Cora darüber, aber er hat den Eindruck, dass er im Urlaub nicht wirklich Zeit zum Malen haben wird. Mit dieser Annahme wird er Recht behalten.

Nachdem sie ihr Quartier bezogen haben, gehen sie sofort an den Strand, und das machen sie auch an allen folgenden Tagen. Sie verlassen ihr kleines ebenerdiges Appartement, überqueren eine kaum befahrene Straße, erreichen dann bereits den Schutzwall, der mit sechs Stufen aufwärts und sechs Stufen abwärts zu übersteigen ist. Dann ziehen sie ihre Schuhe und Strümpfe von den Füßen, gehen etwa fünf Meter barfuß durch den warmen Sand, breiten ihr Handtuch aus und legen sich hin. Sie tun das nun jeden Tag gleich, so dass sich Nestel trotz der zunächst fremden Umgebung relativ schnell geborgen fühlt.

Sie liegen in der Sonne, im Sand, sprechen nicht, starren den Himmel an, blinzeln in die Helligkeit, in die Wolkenbilder, stupsen sich in die Seite, wenn sie einen Dinosaurier aus den watteweißen Wölkchen schlüpfen sehen oder eine Blüte, die mit dem nächsten Windzug zu einer wolligen Rose explodiert und kurz darauf von kleinen Sturmböen in nebelzerfetzte Blütenblätter zerrissen wird. Meistens sitzt Nestel zunächst halb aufrecht, die Füße in den Sand gegraben, während Cora daneben liegt. Sie hat die Arme unter dem Kopf verschränkt, die Augen geschlossen oder zumindest von ihren dunklen Wimpern überdacht. Nestel stützt sich mit einer Hand auf, mit der anderen siebt er den Sand, wieder und wieder, bis er einen Stein gefunden hat. Einen runden Stein, der von der Brandung glatt gespült ist. Er testet seine Glätte auf seiner eigenen Haut, reibt den graumarmorierten Stein über seinen Oberschenkel, dreht und wendet ihn dabei, tastet alle Seiten nach Spitzen und Kanten ab. Erst wenn er ganz sicher ist, dass der Stein keine Unebenheiten aufweist, beginnt er Coras Beine damit zu massieren. Der Stein ist immer von der Sonne gewärmt, aber nicht heiß, ist samtig glatt, aber reibt doch kratzig die Sandkörner, die der Wind auf die Haut getrieben hat, den Sand und den salzigen Schweiß, so dass der Stein mit Nestels sanften Bewegungen nicht nur über Coras Haut gleitet, sondern sie auch massiert, schrubbt, kitzelt und durchblutet. Cora liegt still, liegt mit ihren wimpernverschlossenen Augen ganz unbewegt und zeigt doch an ihren Lippen, wie aufmerksam sie den sinnlichen

Tanz des Kiesels auf ihrer Haut erlebt. Ihre Lippen werden rot, fast pulsierend, gefüllt mit Blut und Leben wie frisch gepflückte Erdbeeren. Ihre Nasenflügel beben sanft, atmen Nestels herbe Ausstrahlung, den Duft seiner frisch gewaschenen Haut, der im Kreisen und Massieren seiner Hände sanft über Cora weht. Er ist sehr nah, aber dennoch berührt er sie nicht. An keiner Stelle hat seine Haut Kontakt mit Coras Körper, es ist kaum ein Grashalm Platz zwischen ihnen, aber immerhin. Seine rechte Hand hält den kreisenden Stein mit gespitzten Fingern, so dass nur der Stein, die graumarmorierte Fläche über die seidige Haut huscht, über die weit geöffneten Poren, die ihre hellen kleinen Härchen aufrichten wie Fähnchen im Wind. Oft massiert Nestel Coras Haut über mehr als eine Stunde, dann hält er wieder inne, sie lauschen auf die See, das Lärmen der anderen Strandgäste, dösen ein wenig und manchmal geht Nestel und holt für jeden ein Eis.

Irgendwann, wenn die Sonne bereits langsam ins Meer kippt, dabei den ganzen Strand mit Rosa übertupft, greift Cora meist nach Nestels Hand, sie entwendet ihm den Stein, den er den ganzen Tag bei sich behalten hat, sie schluckt ihn mit ihren Händen, schiebt ihn in den Zwischenraum zwischen Nestels und ihre Beine, lässt den Stein los, gleitet näher an Nestels sonnengebräunte Haut, bis sie ihn berührt, das Samtig-kratzige spürt, seine Gänsehaut, sein Beben, wenn ihre Finger über seinen Rücken wandern, entlang der Wirbel, jeden einzeln begrüßend, betastend. Wenn sie an seinen Schulterblättern angekommen ist, dreht er sich um, entzieht ihr den Rücken, wendet ihr sein Gesicht, seine Brust, seinen ganzen Oberkörper zu. Sie schlägt ihre dichten dunklen Wimpern zurück, enthüllt ihre glühenden Eisenaugen und fühlt sich einen Moment betroffen, erschreckt, erschüttert von seinem unruhigen, flatternden Blick, der schwanenflügelgleich zu ihr herunterweht. Jeden Tag erneut, mit einer solchen Gewalt, solcher Intensität, dass sie ihre Wimpern wieder dazwischen schiebt und die Lippen öffnet, um mit heftigem Atmen ihre Erschütterung, ihre Anspannung zu lösen. Er hebt seine schmale Nase, seine trockenen Lippen ihrem Gesicht entgegen, zögert, sobald er ihren Atem spürt, ihre Haut, presst sich wie in Notwehr auf ihr Gesicht, ihren Körper, krallt seine Finger in den Sand, in ihre dunklen Haare, in ihre Schultern, und einen Moment sehen sie aus wie ein einziges Wesen, das im Sand rollt, während sein Herz so laut klopft, dass es das Rauschen der Brandung in seinen Ohren übertönt. Dann stehen sie meistens abrupt auf, raffen ihre Sachen noch verwirrt zusammen, blicken beschämt nach rechts und links, ob jemand ihr Seufzen und Zittern bemerkt hat. Schnell und schweigend laufen sie den Weg zu ihrem Appartement zurück, schrubben sich behutsam den Sand von ihren Körpern und kriechen dann in das etwas altertümliche, knarrende Bett, halten sich aneinander fest, als lägen sie noch im Sand und wären in Gefahr, vom Wind fortgetragen zu werden. Was dann genau passiert, während sie dort unter der Decke ineinander kriechen, entzieht sich der Beschreibung, und wenn sie Stunden später mit geröteten Wangen aufstehen, um etwas zu essen, wissen sie beide nie so genau, was eigentlich geschehen ist. Sie wissen nur, dass sie morgen wieder zum Strand gehen werden, und diese Regelmäßigkeit beruhigt sie beide.

Es ist ein schöner Urlaub. Voller Entspannung und Zärtlichkeit. Nach der ersten Woche entscheidet sich Nestel, am Montag auf seine roten Socken zu verzichten. Die Tage zuvor hat er morgens immer noch seine gelben angezogen, auch wenn er sie schon beim Betreten des Strandes wieder abstreifte und sie im Laufe des Tages wegen der Hitze ohnehin überflüssig waren. Es ist nun der erste Montag seit Jahren, an dem er keine roten Socken trägt. Er hat schon lange nicht mehr darüber nachgedacht, warum er das eigentlich macht, hat nur immer Montags statt der gelben die roten Socken gewählt, andersfarbige besitzt er ohnehin nicht. Cora hat ihn nun stutzig gemacht, als sie seine Füße betrachtete, sie anlächelte, als wolle sie sie freundlich begrüßen, und dann fragte: „Erschrecken sich deine Füße am Montag morgen nicht plötzlich an der anderen Farbe?" Nestel war in diesem Moment regelrecht zusammengezuckt, hatte ein sonderbares Gefühl im Bauch verspürt und augenblicklich angefangen, über die Sockenfrage nachzudenken. Das ist insofern ungewöhnlich, als er schon oft wegen dieser Fußbekleidung angesprochen worden ist, abfällige oder neckende Bemerkungen zu dem Thema waren nicht selten. Nestel hatte das stets mit derselben stoischen Ruhe ignoriert, mit der er die meisten menschlichen Kontakte ignorierte. Es ist nicht wichtig für ihn, was die anderen sagen, wichtig ist, dass die Dinge ihre Ordnung haben. Cora aber hat sich nicht über Nestels Verhalten lustig gemacht, es ist keinerlei Ironie in ihrer Stimme gewesen, statt dessen wirkliches Interesse, und möglicherweise war sie den Gefühlen von Nestels Füßen in diesem Augenblick näher als er selbst. Genau das macht ihn nun stutzig, nachdenklich. Es fällt ihm ein, dass er das Montagsrot gewählt hatte, um sich daran zu erinnern, dass nun das Wochenende vorbei ist. Oft scheinen ihm die Tage und Geschehnisse so grenzenlos ineinander zu fließen, dass er Markierungen benötigt, um sich des Gefühls zu erwehren, er könnte sich in dieser Grenzenlosigkeit auflösen. Sein Notizkalender, die Zettel, die Regelmäßigkeit seines Tagesablaufs sind solche Strukturgeber für ihn. Und die gelben und roten Socken gehören ebenfalls dazu. Nestel mag gelb und rot, das Leuchtende, Deutliche, etwas, das sich von der Umgebung abhebt, ihn abgrenzt von dem diffusen Weltgeschehen, von dem er sich oftmals verschluckt fühlt wie das Plankton im Maul eines Fischs. Die Socken sind kleine Schutzwälle gegen dieses Fischmaul. Aber durch die Begegnung mit Cora hat sich in dieser Hinsicht einiges geändert. Nicht dass Nestel seine Konturen deutlicher spürt, dass er das Gefühl hat, dem Verschluckt-werden entronnen zu sein, nur: Es ist nicht mehr so bedrohlich. Die Tage und Nächte gleiten dahin wie Stoffe aus Samt und Seide. Geräuschlos schlüpfen sie ineinander, schlucken das Licht in tiefem Schwarz-blau, um im nächsten

Moment wieder als helles Türkis zu reflektieren, ohne dass zu erkennen wäre, wann der Übergang stattgefunden hat. Die Augenblicke erhalten ihre Stabilität allein durch die Nähe, die zwischen Cora und Nestel besteht. Einer ist der Taktgeber des anderen, ohne dass sich sagen lässt, wer dabei den Ton angibt. Sie leben wie in einem Kokon, der sie vor äußeren Gefahren abschirmt. Damit werden andere Schutzmanöver überflüssig, und als erstes fallen Nestels rote Socken über Bord. Nestel hat Cora geantwortet: „Ich weiß nicht, ob sich meine Füße erschrecken", und dann hat er die roten Socken weggepackt und die gelben auch. Die meiste Zeit laufen Cora und Nestel sowieso barfuß. Das Wetter lässt nicht zu wünschen übrig, jeden Tag ist es noch ein bisschen sonniger, ein wenig wärmer als zuvor. Es ist überflüssig Socken zu tragen, besonders rote, denn es gibt nichts, was Nestel hätte markieren müssen, keine Pflichten, denen man sich zuzuwenden hat. Samstag und Sonntag unterscheiden sich von den Wochentagen nur dadurch, dass ein anderer Eisverkäufer am Kiosk ist. Etwas, das Nestel mit außergewöhnlicher Ruhe toleriert.

Obwohl sein Bezug zu Menschen meistens gering ist, ist es bisher schon mehrfach vorgekommen, dass er lieber auf sein Mittagsbrötchen verzichtet, als es bei einer fremden Bäckersfrau einzukaufen. Ein stets unzureichender Versuch, die gewünschte Ordnung wieder herzustellen: Entweder gibt es eine Mittagspause ohne Brötchen oder mit fremder Bedienung. Eins ist so verwirrend wie das andere, und Nestel hat an solchen Tagen stets eine hilflose Wut empfunden. Nicht so in diesem Urlaub. Mit großer Gleichmütigkeit zählt er das Geld für die Eiskugeln bereits vorher ab, streckt es in den Kiosk hinein, ohne sich wirklich darauf zu konzentrieren, wer dieses Mal kassiert. Es spielt keine Rolle. Wichtig ist dagegen, dass er Cora ein Eis mitbringen kann, beobachten, wie sie ihre Zunge genüsslich in die sahnige Masse bohrt, dabei die dunklen Augen sanftmütig schließt und mit ihren zarten Nasenflügeln den Duft nach sommerlicher Süße aufsaugt. Manchmal ist es auch Cora, die zum Kiosk läuft, Eis holt oder Brötchen, Limonade. Dann sitzt Nestel stets in gespannter Erwartung auf seinem blau gestreiften Handtuch, bewacht Coras Strandmatte mit ernstem Blick, der über die Matte hinaus auf den Strand gerichtet ist. Unruhig, fast ziellos irren seine Augen hin und her, stolpern über Badegäste und Sandburgen, bis er Cora wieder auftauchen sieht – eine Tüte mit Brötchen in der einen, zwei Eisbecher in der anderen Hand – mit schwingenden Bewegungen über den Sand balancierend. Es sieht aus, als ob sie tanzt, fast schwebt, ihr zart gebräunter Körper scheint kein nennenswertes Gewicht zu haben, kaum mehr als die Sandkörner, die mit ihren Füßen in die Luft stieben. Wer Nestel kennt, kann erkennen, dass sich in seinem Blick etwas Seltenes ereignet, wenn er Cora auf sich zulaufen sieht. Es ist klar, dass er seine Freundin betrachtet, man bemerkt es an dem Lächeln seiner schmalen Lippen, an den Grübchen jenseits seiner Nase. Aber vor allem erkennt man es in seinen Augen, die plötzlich nicht mehr unruhig nach einem weit entfernten Ziel suchen, flatternd über das eigentlich Sichtbare hinausblicken, sondern wirklich auf Coras Körper landen. Mit Bedacht verfolgt er ihre Bewegungen, erfasst jedes Detail, während Cora näher kommt: ihr weiches Kinn, die schmalen Schultern, den etwas vorgewölbten Bauchnabel, den Leberfleck oberhalb ihres linken Knies. Als sie die Strandmatte wieder erreicht, sich zu Nestel herunter beugt, um ihm das Eis zu geben, sehen sie sich einen Moment direkt in die Augen, hängen sekundenlang aneinander, getroffen von dem, was sie im Gegenüber erkennen. Vielleicht hätte Cora den Augenkontakt noch länger gehalten, hätte sich nicht davon stören lassen, dass das Eis über ihre Finger zu tropfen beginnt, aber Nestels Augen springen nach kurzer Zeit wieder in die Ferne, rennen über Coras Gesicht hinweg, an ihrer Schulter vorbei in den Horizont, als wäre es ihnen zu eng geworden, zu wenig Platz zwischen den Gesichtern. So ist es jedes Mal. Am Anfang hat Cora das erschreckt, hat sie es empfunden, als würden Nestels Augen ein Stück von ihr mitnehmen, abreißen und in den Himmel werfen. Später glaubt sie einfach, dem Himmel ein Stück näher zu sein, in den Augenblicken mit Nestel – das ist schön. So sitzen sie abends auch manchmal am Fenster ihres Apartments, sehen zu den Sternen hoch, und es ist, als wären die nicht wirklich weit entfernt. Manchmal drückt Cora dann Nestels Hand und sagt: „Sieh mal, der Helle da", und Nestel sieht irgendwohin in die Milchstraße und antwortet: „Ja". Jeder hat seine eigenen Sterne, aber doch gehören sie beide zu einem Universum. Es sind Momente tiefer Verbundenheit.

Nach zehn Tagen bekommt das friedliche Urlaubsleben, dieser Kokon der Zweisamkeit, jedoch die ersten Risse. Es wird zu eng, zumindest für Nestel. Vielleicht beginnt es sogar mit dem Gespräch, das sie am Ende der zweiten Woche führen, obwohl es für einen Außenstehenden wie ein sehr liebevolles und aufmerksames Gespräch aussieht. Sie sitzen wie jeden Tag am Strand, aber es sind das erste Mal ein paar Wolken über den Himmel gezogen. Der Wind bläst ungewohnt, so dass sie erwägen, entweder einen Strandkorb zu mieten oder schon frühzeitig in ihr Appartement zurückzugehen. Statt dessen sitzen sie vorläufig aber noch auf ihren Handtüchern, beide haben die Arme um ihre angewinkelten Knie geschlungen, um die Körperwärme zu halten. Cora ist so nahe an Nestel herangerückt, dass sie mit der linken Körperseite bereits auf Nestels blau-weiß gestreiftem Handtuch sitzt, ihr linker Arm lehnt an seinem rechten. Ihr Kopf hätte sich gegen seine Schulter gelehnt, sobald sie ihn zur Seite fallen ließe, da sie ein ganzes Stück kleiner ist als Nestel, aber Cora hält den Kopf noch aufrecht, blickt auf das Meer hinaus, das heute mit seinen Schaumkronen aussieht, als würde es kochen. Kinder hüpfen in den Wellen und quietschen vor Vergnügen. Das Wetter hat sich also verschlechtert, und es kann sein, dass diese Wetterverschlechterung Einfluss auf das folgende Gespräch hat – sehr wahrscheinlich sogar. Bis zu diesem Moment waren die Tage von einer so strahlenden

Wärme, einem so makellos blauen Himmel begleitet gewesen, dass es möglicherweise jedem Feriengast schwer fiel, sich an das Leben vor diesem Urlaub zu erinnern. In jedem Fall war das aber für Cora und Nestel der Fall, die wie Schiffbrüchige auf einer Sonneninsel ihr neues Dasein in Zweisamkeit begonnen hatten, ohne ihr Leben davor noch mit einem Gedanken zu streifen. Sie entdeckten ihre Augen, ihre Haut, ihre Lippen, ihre Art zu essen, zu schlafen und am Morgen aufzuwachen. Das ist aufregend genug, um jeden Moment beschäftigt zu sein. Der kalte Wind, der sie nun am Strand überraschte, blies die traute Genügsamkeit auseinander, machte bewusst, dass die Wärme nicht ewig dauern würde, und mit dem Wissen der Begrenztheit tauchten auch wieder Gedanken an die Zukunft und die Vergangenheit auf. Nestel hat sich an seinen heimatlichen Spaziergang erinnert, den er schon viele Male bei stürmischem oder regnerischem Wetter gelaufen ist. Dann ist ihm eingefallen, wie er Cora kennen gelernt hat. An der Brücke, später an der Telefonzelle. Auf einmal wird ihm klar, dass er mit Cora noch nie über diese beiden Situationen gesprochen hat. Jetzt, an diesem wolkenverhangenen Tag auf seinem kleinen blau-gestreiften Handtuch, registriert er, dass diese entscheidenden Momente seit ihrem ersten privaten Treffen wie fortgewischt sind in ein fernes Leben, obwohl er annimmt, dass beide Ereignisse für Cora eine wichtige Bedeutung haben. Zumindest sind diese Augenblicke für Nestel wichtig, da ist er plötzlich sicher. Nestel hat eine leichte Gänsehaut, vom Wind oder von den Gedanken, als er Cora schließlich fragt: „Wer war das eigentlich, der dich in der Telefonzelle angegriffen hat? Wieso hat er das getan?" Cora zuckt zusammen. Das ist nicht gerade eine angenehme Frage für sie, aber vor allem ist sie es nicht gewöhnt, von Nestel gefragt zu werden, schon gar nicht über ihre Vergangenheit.

Nachdem sie ihr erstes Erschrecken abgeschüttelt hat, freut sie sich aber auch ein wenig, findet es schön, dass sich Nestel für ihr Leben interessiert. Als sie antwortet, ist ihr Körper angespannt, das Kinn weit nach vorne gestreckt, ihre Stimme voll und kräftig, fast ein bisschen aggressiv. „Warum er das getan hat, kann wohl niemand logisch beantworten. Irgendwie hat er durchgedreht." Vor Nestels Augen taucht das Bild eines schmächtigen jungen Mannes auf, der in einem Türrahmen festhängt und sich darin dreht wie die Puppe eines Glockenspiels. Es ist seltsam, dass er mit diesem Angreifer so eine schmächtige Person assoziiert. Dieser Mann, den Nestel bei der Flucht aus der Telefonzelle zu wenig wahr genommen hat, um eine klare Vorstellung von ihm zu haben, sieht in seinen Gedanken wie eine zerbrechliche Puppe aus. Nestel wundert sich darüber, aber er kann das Bild dennoch nicht abschütteln.

„Ich meine, ich denke einfach, es gibt ein paar Regeln, an die man sich halten muss, wenn man in dieser Gesellschaft leben will." Coras Stimme klingt jetzt ungewöhnlich resolut. Trotzdem, wer sie ein bisschen besser kennt, entdeckt hinter den lauten Worten auch ein Zaudern, ein Zweifeln. Es ist, als wolle sie sich mit ihren Worten, mit der Lautstärke selbst überzeugen.

„Ja, ich glaube Regeln haben etwas Beruhigendes. So ist das sonst auch mit meinen Socken. Dienstag bis Sonntag gelbe Socken. Montags rote." Nestel scherzt nicht, er erzählt das einfach, weil er den Eindruck hat, es würde zu dem Gespräch passen. Cora schüttelt jedoch verärgert den Kopf: „Nein, so etwas meine ich nun gerade nicht!" Nestel dreht den Kopf ein Stück zur Seite. Vor seinem inneren Auge dreht sich fortwährend das kleine Glockenspielmännchen im Türrahmen. Ein lächerlicher Anblick. Nestel schweigt jetzt und konzentriert sich darauf, was Cora als nächstes sagt.

„Ich meine, es gibt gewisse gesellschaftliche Regeln, an die man sich halten sollte." Obwohl Nestel nicht nachfragt, ist klar, dass er nach einem Beispiel hungert. Cora überlegt eine Weile, verwirft etwas, um dann etwas anderes zu erwägen. Schließlich sagt sie: „Zum Beispiel, dass man Mauern nicht einfach mit Farbe bemalt, dass man fragt, ob der andere Zeit hat, statt ihn einfach abzuholen, egal wo er gerade ist. Und vielleicht auch, dass man mal auf eine Party geht, wenn man die Gastgeber nicht so nett findet, nur dem anderen zuliebe."

„Ach?" Nestel ist ernsthaft verwirrt. „Auch wenn du sie nicht nett findest?"

Cora windet sich ein bisschen, als wäre ihr die eigene Stellungnahme unangenehm, aber sie bestätigt letztlich doch: „Ja, natürlich, das gehört einfach zur Etikette. Oder wenn man absagt, sollte man es wenigstens charmant tun. Udo hat den Leuten einfach gesagt, dass er sie nicht leiden kann. Das ist doch keine Art!" Nestel vermutet, dass Udo Coras Exfreund ist. Er denkt, dass er ihn vielleicht sogar gemocht hätte, wenn er ihn unter anderen Bedingungen kennen gelernt hätte. Nestel findet es sympathisch, wenn jemand ehrlich ist. Aber er findet es abstoßend, wenn jemand dazu beiträgt, dass Cora von einer Brücke springen will. Seine zauberhafte Cora mit dem ungewöhnlichen Bauchnabel und den wilden Augen.

„Außerdem schlägt man nicht, überhaupt nicht und schon gar nicht seine Freundin!", beendet Cora ihre Ausführungen. Jetzt wirkt sie wieder selbstsicherer, so als hätte sie Boden unter den Füßen gewonnen, und Nestel nickt automatisch. Er nickt, weil Cora Zustimmung erwartet. Aber auch, weil er es wirklich nicht in Ordnung findet, wenn sich Menschen schlagen. Er kann aber immer noch nicht nachvollziehen, was zwischen Cora und Udo vorgefallen ist. Er stimmt ihr natürlich zu, dass Gewalt niemals eine Lösung für Probleme darstellt. Damit meint Nestel nicht nur Handgreiflichkeiten, sondern auch Worte, Bemerkungen. Auch damit kann man sich Gewalt antun, er hat es oft genug erlebt. Vor allem als Kind. Da hatte seine Mutter immer zu ihm gesagt: „Du bist ein Nichtsnutz!" Manchmal hat sie noch ergänzt: „Warum ich dich Balg groß ziehe, weiß ich wirklich nicht." Nestel wusste das auch nicht, aber er konnte sich noch genau daran erinnern, wie er sich in diesen Momenten gefühlt hatte, diesen seltsam beklemmenden Schmerz, der den Brustkorb gleichzeitig auseinander bog und zusammenzog. Es hatte aber auch andere Momente gegeben, wenn er geweint hatte, müde war, seine Mutter ihn auf den Schoß nahm, ihn schaukelte, ein Lied sang und er seine verschmierte Nase an ihren weichen Körper drücken durfte. Den Geruch hat er nie vergessen, dieses Salzig-warme mit einem Hauch Eau de Toilette.

Unterdessen ist der Wind stärker geworden und Cora fragt: „Wollen wir gehen?" Nestel nickt, sie packen ihre Sachen zusammen und gehen zurück in ihr Apartment, schweigend, jeder seinen Gedanken nachhängend. Cora fragt sich, wann sie mit Nestel wohl zum ersten Mal auf eine Party gehen wird, und Nestel überlegt sich, dass er jetzt gerne seinen üblichen Spaziergang gehen würde, den Weg durch die Schrebergärten, die er kennt und wo es nie so stürmisch ist wie an der See. Jetzt sehnt er sich nach dem Alleinsein und zugleich nach den vertrauten Strukturen seines Alltags. Die Regelmäßigkeit seines Zeitplans, seiner Zettel, seiner roten und gelben Socken nehmen dem Alleinsein den Geschmack von Einsamkeit. Stille Weggefährten, die meinungslos sein Dasein teilen. Hier an der Ostsee gibt es dagegen nur Cora, die seine Stunden begleitet. Sie ist stets da, so wie sonst seine Zettel, seine Rituale und seine Socken. Aber sie ist nicht in derselben Weise berechenbar. Sie möchte, dass Freunde mit ihr ausgehen und dass Absagen charmant getroffen werden. Vielleicht möchte sie noch viel mehr, nur dass sie noch nie darüber gesprochen haben.

Jetzt, an diesem stürmischen Abend, wird Nestel das alles zum ersten Mal wirklich bewusst.

Einen einzigen weiteren Vertrauten hat sich Nestel an dem Urlaubsort geschaffen, indem er täglich an einem kleinen Steinmännchen baut. Auf dem Weg zum Strand, an der Kante, bevor die Treppe beginnt, deren Stufen im Sand enden, hat er Tag für Tag einen Stein aufgestellt, manchmal auf dem Rückweg auch ein kleines Zweiglein, eine Muschel dazwischen gesteckt, so dass allmählich ein Wegweiser entstand, den Nestel „mein kleines Naturkunstwerk" taufte. Am fünften Tag ist das Wegzeichen zerstört, vielleicht haben Kinder die Muscheln stibitzt oder die Straßenkehrer haben ihre Aufräumaktion zu ernst genommen. Nur zwei große graue Kiesel sind noch übrig, die etwas verloren nebeneinander am Rand der Treppe liegen. Nestel ist empört – aber vor allem traurig. Cora hat seinen Wegweiser bis dahin noch nicht bemerkt, aber jetzt registriert sie Nestels Unglück. Er tut ihr leid. Nestel ist an diesem Tag missmutig mit ihr zum Strand gegangen, hat dort wie immer sein Handtuch ausgebreitet und dann zu Cora gesagt, er müsse noch einmal zurückgehen. Als er wieder kommt, lächelt er, und als sie abends gemeinsam dort entlang gehen, zeigt er Cora sein neu errichtetes Wegzeichen. Er hat es nun etwas von der Treppe entfernt aufgestellt, auch ein paar Kiefernzapfen eingearbeitet, so dass es tatsächlich fast wie ein knorriger Zwerg aussieht, der da vom Wegrand herüberäugt. „Aber sie werden es vielleicht wieder kaputt machen", sagt Cora als erstes und bereut im nächsten Moment schon ihre Worte, obwohl sie nicht wirklich weiß, warum Nestel daraufhin so erschüttert aussieht. Sein jungenhaftes Lächeln ist verschwunden, seine Schultern sinken nach vorn, seine ganze Haltung drückt Hoffnungslosigkeit aus.

„Ich wollte dich doch nur vor der nächsten Enttäuschung warnen!" Cora hat das Gefühl, sich rechtfertigen zu müssen, obwohl Nestel ihr keine Vorwürfe macht. Er sagt wie üblich erst einmal nichts. Sie gehen zu ihrer Wohnung zurück, verbringen den Abend, die nächsten Tage wie bisher und erst als das Steinmännchen kniehoch geworden ist, ohne erneut umzufallen, sagt Nestel zu Cora: „Ich finde, man soll trotzdem an den Dingen bauen, auch wenn man weiß, dass sie vielleicht irgendwann wieder kaputt gehen."

„Ja, aber ...", beginnt Cora, aber Nestel redet weiter, als hätte er nicht bemerkt, dass sie etwas sagen will. „Ich möchte nicht gewarnt werden. Ich möchte begleitet werden bei dem, was ich tue." Das hat Nestel mit einem solchen Nachdruck gesagt, dass er nun selbst erschrickt, und auch Cora ist still. Obwohl Nestel den Satz lange vorher in seinem Kopf geformt, ihn mehrmals auf der Zunge hin und her gerollt hatte, erlebt er seine eigenen Worte jetzt wie Fremdlinge, über die er erst einmal nachdenken muss.

Später baut Cora dann zwei Muscheln in das Kunstwerk ein, die sie aber einen Tag später wieder entfernt, weil sie sie als Sammelstücke mit nach Hause nehmen will. Sie hat vor, die Muscheln durch zwei andere zu ersetzen, aber denkt zuletzt doch nicht daran. Nestel dagegen vergisst sein Bauwerk nie, findet immer einen Kiesel, ein Holzstück, etwas Passendes, das er flink im Vorübergehen dazu klemmt.

An jenem wolkenverhangenen Abend wünscht er sich, mehr dieser Wegzeichen zu besitzen. Markierungen, anhand derer er sich hätte einen Spazierweg suchen können, einen Weg durch sein Gedankenlabyrinth. Aber es gibt keine weiteren Orientierungspunkte, nur Cora und den Strand, und beide zeigen sich nun doch als sehr veränderlich. Das Wetter ist wechselhaft geworden. Jeden Moment sieht der Strand anders aus. Mal leuchtet der Sand golden, mal grünlich, dann wieder verwandelt er sich zu einer Einöde aus düsterem Braun. Cora steht dem Strand in nichts nach, entwickelt immerzu neue Ideen. „Wir sollten heute etwas unternehmen", sagt sie dann. „In der Nähe ist ein Museum", fällt ihr an einem Tag ein. „Wir könnten einen Stadtbummel machen. Es gibt eine Zugverbindung in den nächsten Ort", erklärt sie ein andermal. Es gibt offensichtlich jede Menge Alternativen zu dem gleichmäßigen Strandleben, und Nestel ist nun täglich in der fatalen Situation zwischen verschiedenen Übeln entscheiden zu müssen. Er mag weder in die Stadt gehen, noch interessiert ihn das Museum. Aber am Strand ist es zu kalt. So kommt es, dass Nestel am Ende der vier Wochen keinen Wunsch nach mehr, nach Fortdauern des Urlaubs hat. Es ist so, als wären die Ferien eine Insel. Etwas, das in alle Richtungen ein Ende hat. Cora macht immer neue Vorschläge, und zugleich wird diese Insel immer kleiner. Einengend.

Nestel sehnt sich nach Platz. Nach Wanderungen, die nicht am Meer enden, nach einem Leben, das ihm nicht jeden Tag neue Entscheidungen abverlangt. Er wünscht sich Orientierung, Regelmäßigkeit, vielleicht einfach Alltag. Dabei ist ihm der Strand doch auch schon etwas vertraut. Manchmal denkt Nestel, dass er die täglichen Veränderungen am Meer zumindest besser vertragen kann als Cora. Das Zusammensein mit ihr hat etwas Unberechenbares.

Es regnet. Es sind immer noch Ferien und draußen tropft ein unaufhörlicher Strom Wasser gegen die Fensterscheiben. Cora hat sich auf der Couch ausgestreckt, die schlanken Beine grazil übereinander geschlagen. Sie trägt Shorts. Trotz des Regens ist es nicht kalt. Sie hat ein Zeitungsblatt auf ihrem Schoß ausgebreitet, studiert sorgsam Zeile um Zeile. Schließlich sagt sie: „Heute ist nichts Interessantes zu finden, machen wir es uns hier gemütlich!" Es ist keine Frage, sondern eine Feststellung. Erwartungsvoll sieht sie Nestel an, hört nicht auf ihn anzusehen, während sie das Zeitungspapier zusammenfaltet und sich langsam auf der Couch zurücklehnt. Ihre kleinen, strammen Brüste wölben das roséfarbene T-Shirt sanft nach vorn. Als sie sich zurücklehnt, bewegen sich die Rundungen wie Sanddünen im Wind. Sie trägt keinen BH. Nestel hat eben noch unschlüssig an der Küchenzeile gestanden, er wollte Tee kochen. Jetzt ist er von Coras Blick gefangen. Es gibt kein Entrinnen. Er bewegt sich langsam auf sie zu, ohne das Gefühl zu haben, dass er wirklich geht. Es ist eher ein Gezogensein, ein Sog, der ihn von außen bewegt und dem er nichts entgegenzusetzen weiß. Als er schließlich neben der Couch steht, spannt sich seine dünne Sommerhose wie ein Fallschirm vor dem Flug. Cora legt ihre Hand darauf, sehr sanft, vorsichtig. Sie öffnet den Reißverschluss der Hose und im nächsten Moment ist für Nestel nicht mehr zu unterscheiden, ob er sich an sie drängt oder sie an ihn. Ihr samtiges Haar fließt an seinen Bauchnabel, ihre Lippen tragen ihn behutsam auf diese himmelhohe Klippe, von der er sich zu springen sehnt. Coras Seufzen liegt wie das satte Schmatzen des Meeres während der Sonnentage in der Luft. Es ist sehr warm. Nestel schwitzt und gleichzeitig zittert er. Es ist ein leichtes Vibrieren des ganzen Körpers, das an Coras Lippen beginnt, sich in seinem Bauchnabel, seinen Pobacken fortsetzt, entlang der Wirbelsäule über seine Kopfhaut spürbar bleibt und mit seinen Fingern auf Coras weich geformten Schultern endet. Coras Lippen pulsieren, Nestel atmet schwer. Jetzt, als Nestel mit unverhoffter Intensität seinen Flug beginnt, da sind sie sich nicht nah, Cora und Nestel, sie sind eins. Sie fliegen Hand in Hand durch eine Weite, die sie an keinem Strand gefunden haben. Das Leben ist hell, warm und grenzenlos.

Es dauert danach Minuten, ehe Nestel begreift, dass der Pelz auf seinem Bauch Coras Haarschopf ist und dass es seine Hände sind, die die Verbindung herstellen. Als sich Cora zur Seite dreht, als sie sich mit dem Rücken an Nestels Oberschenkel lehnt, bemerkt er erst, dass er noch immer neben der Couch steht.

Nestel öffnet die Augen, starrt auf den Hirsch, der mit fetten Ölfarben zwischen dicke Grashalme gemalt ist und gold gerahmt über dem Sofa hängt. „Er sieht nicht glücklich aus", sagt Nestel. Cora seufzt nur und Nestel spürt ihr Gewicht unangenehm gegen sein Bein drücken. „Ich kann das nicht aushalten", bemerkt er, ohne sich jedoch zu rühren. „Den Hirsch?", fragt Cora. *Sie ist ganz woanders*, denkt Nestel, nimmt ihre Schultern in seine Hände, schiebt sie leicht von sich fort, dreht sie seitlich zur Couch und geht dann zur Küchenzeile, um mit dem Teekochen fortzufahren. „Ach, das war schön!", juchzt Cora plötzlich. Mit einem Sprung ist sie auf den Beinen und geht zu Nestel. Sie stellt sich hinter ihm, lehnt ihren Kopf, ihren Oberkörper an seinen Rücken. Jetzt bekommt Nestel wieder eine Gänsehaut, aber keine wohlige. Es ist, als hätte sich ein Saugnapf an seinen Rücken geheftet. Er spürt eine Mischung aus Ekel und Ablehnung. „Ich koche Tee", sagt Nestel laut, fast barsch, als könnte ihn das vor dem Saugnapf retten. „Ach, du bist komisch. Ich will überhaupt keinen Tee." Coras Stimme ist trotzig, ärgerlich. „Gehen wir lieber in ein Cafe. Wir kommen ja heute sonst hier gar nicht raus", fügt sie dann etwas versöhnlicher hinzu. „Ich koche Tee", wiederholt Nestel. Er sagt es diesmal weder ärgerlich noch despotisch. Es wirkt eher hilflos, wie er jetzt die Teekanne anstarrt, den Wasserkocher, der mit leisem Brodeln anzeigt, dass das Wasser bald Siedetemperatur erreicht hat. Cora steht vor dem Flurspiegel, kämmt sich ihr Haar, Nestel beobachtet die Teekanne, als könne sie fortlaufen. Beide sind froh, dass das sprudelnde Wasser ein mögliches Gespräch übertönt. Es schafft einen Grund für die Stille, die sich mit einem Mal zwischen beiden ausgebreitet hat und die zum Ende des Urlaubs bereits zusehends häufiger zu spüren gewesen ist. Eine lähmende Ruhe, die das Leben unter eine Glasglocke sperrt.

Trotzdem sind sich Nestel und Cora einig, dass es ein schöner Urlaub ist, dass sie beide etwas völlig Neues entdeckt haben. Vielleicht kann man es Geborgenheit nennen, Sicherheit, ein Aneinander-aufgehoben-sein, das Mut macht. Mut brauchen sie beide: Nestel, um sich überhaupt auf einen anderen Menschen einzulassen. Cora, um ihre noch unvernarbten Gefühle von Verlassenheit und Enttäuschung zu überwinden. Diese Urlaubsreise ist ein Stück in diese Richtung, ein kleines Stück vielleicht nur. Immerhin. Aber alles das, was sich zwischen Cora und Nestel ereignet, dieser ganze Urlaub, die große Nähe, das ist auch etwas anstrengend. Für beide sind es sehr viele neue Erfahrungen, neue Eindrücke. Das ist sogar für Cora schwierig, aber in jedem Fall für Nestel.

„Ich gehe jetzt erst einmal ein Stück am Strand entlang", sagt Nestel plötzlich. Er hat den Tee aufgegossen und auf den Tisch gestellt, greift nahezu gleichzeitig nach zwei Tassen und seiner Regenjacke, stellt die Tassen zu der Kanne, schlüpft in die Jacke und ist dann schon durch die Tür, ehe Cora etwas erwidern kann. Er wirft die Tür schwungvoll ins Schloss und geht mit weit ausholenden Schritten in den Regen hinaus. Wasser und Wind begrüßen sein Gesicht und spontan lächelt er. Die Luft schmeckt salzig, es ist schon dunkel, aber die Strandpromenade ist hell erleuchtet. Nestel bleibt keinen Moment stehen, bis er das Ende der Laternen erreicht hat. Dann wendet er sich zum Strand, zieht die Schuhe und die gelben Socken aus, die er unterdessen wieder regelmäßig trägt. Er spürt den kühlen, feuchten Sand zwischen seinen Zehen, lächelt. Es ist, als wäre das Leben in ihn zurückgekehrt, das er in seiner Erstarrung neben der Teekanne fast verloren glaubte. Nestel bleibt zwei Stunden am Strand. Dann ist er durchgefroren. Er hat keinen Schlüssel mitgenommen, aber Cora öffnet auf sein Klopfen sofort. „Da bist du ja", sagt sie und setzt sich wieder auf die Couch. Sie hat sich in eine Decke eingewickelt und liest ein Buch. Nestel duscht und geht direkt danach schlafen.

Am nächsten Tag scheint zwar wieder die Sonne, aber alles ist nass und es weht ein kühler Wind. „Wollen wir uns einen Strandkorb mieten?", schlägt Cora vor. Das machen sie auch, aber darin ist es nicht so gemütlich wie auf dem Handtuch und Nestel vermisst weiterhin das Gleichmaß der warmen Tage. Aber es ist nicht mehr viel Zeit zum trauern, denn anderntags gilt es schon wieder Koffer zu packen. Nestel braucht den ganzen Vormittag, um das Geschirr in der kleinen Apartmentküche gründlich zu spülen und abzutrocknen. „Warum machst du das?", fragt Cora. „Wir haben doch gar nicht alle Teller benutzt. „Sie sollen sauber sein, wenn wir gehen", antwortet Nestel nur und wischt auch die Schränke penibel aus.

Nachmittags faltet er seine Sachen ordentlich in seinen Koffer, während Cora ihre Kleidung wie einen Ballen Watte binnen weniger Minuten in ihre Reisetaschen stopft und dann Nestel beim Packen zusieht. Sie sind beide traurig, dass der Urlaub vorbei ist. Aber gleichzeitig wissen sie auch, dass es so nicht weiter gegangen wäre.

Der Alltag

Vielleicht ist es nicht schlecht, klein und schwach zu sein, aber es ist unter Umständen gefährlich.

Es hat also schon während des Urlaubs eine Veränderung stattgefunden. Der Gleichklang zwischen Nestel und Cora ist nicht wirklich verloren gegangen, aber das Ende der symbiotischen Zeit hat sich angedeutet, als Nestel allein am Strand entlang ging und sich dabei wohl fühlte, sonderbar wohl – mehr als in den Stunden zuvor. Vielleicht ist es nicht richtig zu sagen, dass er sich besser fühlte, es war nur vollkommen anders. Dort am Strand war er eigenständig, er war Herr seiner Sinne, und das Wandern gegen den Sturm gab ihm ein Gefühl der Stärke.

Neben Cora fühlt sich Nestel dagegen immer klein und schwach. Als könnte ihn ein Windhauch davon tragen. Vielleicht ist es nicht schlecht klein und schwach zu sein, aber es ist unter Umständen gefährlich.

Zunächst macht sich jedoch niemand über all das Gedanken. Cora und Nestel kommen braun gebrannt und erholt von der Ostsee zurück. Coras Freundinnen loben: „Du siehst so entspannt aus. Es muss wohl sehr schön gewesen sein mit diesem Nestel ... !", und Cora widerspricht nicht. Auch Nestel wird auf sein erholtes Aussehen angesprochen. Im Büro ist es Herr Bremer, der es als erster bemerkt. „Ich will dieses Jahr auch nach Mallorca", sagt er, als er Nestel am Kopierer trifft.

„Ach so", antwortet Nestel, während er einen neuen Stapel Papier einlegt.

„Das ist ja so günstig da. Da kostet die ganze Familie für zwei Wochen weniger als eine Woche an der Ostsee." Herr Bremer hat sich neben dem Kopierer an die Wand gelehnt und beobachtet, wie Nestel die kopierten Blätter mit einer Heftklammer zusammen zwickt. „Manchmal gibt es sogar drei Wochen zum Zwei-Wochenpreis", fährt er fort. „Sie waren ja, glaube ich, sogar vier Wochen fort?!" Es ist nicht genau zu erkennen, ob Herr Bremer das als Frage meint. Das ist eine Vorsichtsmaßnahme. Er hat bemerkt, dass Nestel sehr sparsam mit Antworten ist. Herr Bremer möchte das Gefühl vermeiden, dass er von seinem Kollegen ignoriert wird. Wenn Nestel kaum etwas sagt, das findet Herr Bremer nicht so schlimm. Er kann sich dann zumindest vorstellen, dass sein Gesprächspartner genau zugehört hat. Meistens tut das Nestel sogar auch. Aber eine von ihm gestellte Frage nicht zu beantworten, das findet Herr Bremer im Grunde nicht tolerierbar. Da er jedoch die vage Idee hat, dass Nestel keine Rücksicht darauf nimmt, sondern seine Sprachlosigkeit auch dann pflegt, wenn Herr Bremer das nicht tolerS, hilft er sich mit einer Formulierung, die alle Möglichkeiten offen lässt. Nestel hat in diesem Moment seine Kopierarbeiten beendet, nickt Herrn Bremer zu und schlüpft dann in sein Büro. Nur Jule erzählt er später, dass er an der Ostsee war. „Wie schön", lächelt Jule. „Mit einer Frau an der Ostsee und du siehst so erholt aus!" Es hat also zu diesem Zeitpunkt offensichtlich niemand Zweifel, dass Cora und Nestel sehr gut zusammen passen, dass sie einander wohl tun. Als Cora eine Woche nach dem Urlaub sagt, dass sie leicht in Nestels Wohnung Platz hätte, widerspricht er nicht. Seine Wohnung ist wirklich sehr geräumig. Ende des Sommers zieht sie bei ihm ein. Sie müssen Nestels Wohnung zu diesem Zweck nur ein wenig umräumen. Platz ist genug. Die vielen Winkel und Ecken in der Wohnung machen die Raumeinteilung zwar manchmal schwierig, aber dennoch sind zwei Personen unproblematisch auf den 80 qm unterzubringen. Trotzdem gibt es ein paar Auseinandersetzungen, die die beiden vielleicht hätten zum Nachdenken bringen können. Aber sie sind noch immer so sehr mit dem neuen aufregenden Leben des Kennenlernens beschäftigt, dass sie die anfänglichen Streits bald wieder vergessen.

„Ich finde das Klavier sieht an dieser Stelle furchtbar aus."

Während Cora kritisiert, steht sie breitbeinig da, die Arme in die Hüften gestützt, als würde sie sich keinen Zentimeter mehr bewegen, ehe das Problem behoben ist.

„Es ist egal, wie es aussieht, es muss gut klingen."

„Nein, es muss gut klingen und gut aussehen. Außerdem ist deine Staffelei wirklich schmutzig."

„Sie ist voller Farben."

„Das sage ich doch."

„Nein, du hast gesagt, sie ist schmutzig."

Zuletzt ist die Lösung wirklich gut. Es gibt ein

Künstlerzimmer, das nur Nestel gehört. „Da kannst du dein Chaos pflegen", hat Cora gesagt und Nestel hat sich vergewissert, dass er alle seine Pinsel, Malblöcke und vor allem die Staffelei gut unterbringt. Daneben liegt das gemeinsame Wohnzimmer sowie ein kleines Extrazimmer für Cora. Früher hatte Nestel in diesem Raum nur einige Bilder gestapelt, ansonsten war er leer. Von der Küche aus erreicht man einen überdachten Balkon, eine Art Wintergarten, der nur nach einer Seite offen ist. Nestel hat diesen Platz schon immer sehr gemocht und jetzt lieben sie ihn beide, Nestel und Cora. Dort sitzen sie abends gerne, lümmeln auf einer Bank aus Korbgeflecht, die sie sich extra neu angeschafft haben. Schweigend sitzen sie da, ohne etwas anderes zu tun, als den Sonnenuntergang zu betrachten oder den Regen, wie er auf die hölzerne Brüstung trommelt. Es ist ein geschützter Platz, ein Ort voller Geborgenheit, der zum Ausruhen taugt, zum Entspannen. Früher hat Nestel dort auch allein oft gesessen, auf einem wackligen Holzstuhl, den sie nun dem Sperrmüll übergeben haben. Jetzt sitzen sie dort zu zweit auf der schönen neuen Bank. Zumindest eine ganze Zeit lang. Am Anfang ist das ihrer beider Lieblingsplatz in der Wohnung, vielleicht ist er das später sogar auch noch. Aber genau dort beginnen die Probleme, zumindest werden sie dort am deutlichsten sichtbar.

Zunächst ist es jedoch so, dass selbst dann, wenn die Tage hektisch gewesen sind, wenn es Unruhe gegeben hat, böse Worte, Stress, das dies alles verschwindet, sobald sich die beiden am Abend in den Wintergarten setzen. Der Platz dort, so klein er auch ist, verströmt Wärme und Frieden, die es überflüssig machen sich zu ärgern. Die Probleme versinken mit der Sonne, spülen sich mit den Regentropfen in die Blumenerde der Balkonpflanzen. Als es herbstlich wird, winterlich, stapeln Cora und Nestel ein paar Decken auf ihrer Bank, so dass sie den windgeschützten Platz ganzjährig benutzen können. Im Winter strotzen ein paar kleine Immergrüns in den Blumenkästen, und als es wieder wärmer wird, der erste Sommer in der gemeinsamen Wohnung beginnt, wuchern dort Margariten. Der sichtbare Wandel der Jahreszeiten überdeckt den Platz mit der Ruhe und Beständigkeit, wie ihn jeder natürliche Prozess inne hat. Es ist in diesen ersten Monaten kaum denkbar, dass sich diese Ruhe je verlieren könnte. Immerhin hat Nestel nun auch wieder seine vertraute Umgebung, was ihm ein gewisses Maß an Sicherheit verleiht. Diese Sicherheit gleicht die Unwägbarkeiten, die er mit Cora erlebt, zunächst ausreichend aus. Der Balkon ist immer da, heißt seine Gäste willkommen, ohne Fragen zu stellen. Cora ist da ganz anders. „Wir müssen unbedingt ein Paar Vorräte einkaufen, wollen wir das morgen machen, wenn du von der Arbeit kommst?", bedrängt sie Nestel manchmal, kaum dass er richtig zu Hause angekommen ist. Oder sie springt wieder auf, kurz nachdem sich die beiden auf der Bank nieder gelassen haben. „Du musst doch hungrig sein, nach dem langen Tag. Soll ich uns Spiegeleier braten?" Manchmal sagt Nestel dann nur „Ja", weil er weiß, dass er dann für die nächsten zehn Minuten Ruhe hat. Aber immer dann, wenn sich Nestel fest vorgenommen hat, jedes Gespräch auszuschlagen und Cora deutlich zu sagen, dass er erst einmal seine Ruhe möchte, immer dann ist Cora plötzlich still wie eine Kirchenmaus, kuschelt sich friedlich und ohne irgendeine Frage zu stellen neben Nestel auf die Bank. Nur dass sich Nestel dann oft schon nicht mehr entspannen kann. In diesen Momenten beobachtet er Cora mit der Aufmerksamkeit, wie sie einem Feuerwerkskörper gebührt. Nestel weiß, dass es sich nicht vorhersagen lässt, was ihn mit Cora erwartet, jeder Abend ist anders. Er ist auf der Hut. Aber der kleine Balkon ist immer da, das beruhigt ihn wiederum. Der Balkon wandelt sich ebenso zaghaft, wie sich die Jahreszeiten wandeln, die stillschweigend ineinander übergehen und kaum erkennen lassen, wie der Sommer entschwindet, plötzlich Weihnachen naht und dann schon wieder Sommer ist. Es ist im Herbst etwas kühler auf diesem Platz, im Juli schon auch mal stickig warm, so dass das Holz seine Erinnerung nach Wald ausdünstet, aber ansonsten bleibt der Balkon wie er ist und stellt somit eine zuverlässige Markierung in Nestels Dasein dar.

Die ersten Zeit nach dem Ostseeurlaub ist von Coras Einzug geprägt, von einem gewissen Chaos aus Kisten und Dingen, die ständig irgendwo im Weg stehen oder unauffindbar sind. Dazwischen liegen die friedlichen Momente auf der Bank gleich sonnigen Inseln in einem aufgewühlten Meer. Insgesamt dauert es auch nicht lange, bis Cora ihre Sachen verstaut hat und sich ein gewisser Alltagsrhythmus einstellt. Nestel steht jeden Morgen um 7 Uhr auf, kocht eine große Kanne Tee, stellt Brot, Obst und Marmelade bereit. Dann kommt Cora dazu, sie frühstücken gemeinsam, ohne sich dabei über mehr als höchstens das Wetter zu unterhalten. „Es ist kalt draußen, besser du ziehst einen Rollkragenpullover an." „Ja." „Wenn du deine Winterjacke heute nicht brauchst, würde ich sie anziehen, wenn ich heute zum Tanzunterricht gehe. Ist das ok?" „Ja."

Genau 7 Uhr 50 verlässt Nestel dann die Wohnung, verabschiedet Cora mit einem sanften Kuss auf den Nasenrücken, nie auf den Mund. Vielleicht ist es am Anfang die Angst gewesen, er könne sich dann nicht mehr lösen, würde hängen bleiben an diesem schönen Mund, den rosigen Lippen, die so viele Gefühle in ihm entfachen konnten. Vielleicht hatte er es deshalb zunächst dabei belassen, beim Abschied nur Coras Nase zu berühren. Später ist es dann Gewohnheit geworden oder auch ein Ritual, jedenfalls etwas, das dazu gehört. Selbst dann noch, als sich die ersten Zeichen der Krise deutlich bemerkbar machen, gibt es immer noch dieses morgendliche Küsschen.

Es ist ein Montag morgen, als Cora das erste Mal ein deutliches Unwohlsein bei diesem rituellen Abschied verspürt. Das ganze Wochenende war still gewesen, nicht ruhig und entspannt, sondern gefüllt mit unausgesprochenen Worten. Cora hat am Sonntag sogar etwas Rückenschmerzen bekommen, weil die Anspannung auch ihren Körper erfasste. Nun ist

Montag, beide sind erleichtert darüber, dass der Alltag wieder beginnt, und zugleich sind sie traurig. Es ist nicht schön eine Woche mit dem Gefühl zu beginnen, man wäre auf der Flucht. Sie versuchen diese Traurigkeit zu ignorieren, indem sie noch genauer als sonst darauf achten, ihre Rituale einzuhalten. Das Tee kochen, die Zeit im Badezimmer, das Ankleiden, das Frühstück. Nestel trägt wieder seine roten Socken. Seit der letzten Urlaubswoche hat er dieses Ritual wieder aufgenommen, aber heute ist es besonders wichtig. Die Socken sind Trost und Hoffnung zugleich. Sie sind der Versuch eine Welt zu schaffen, die sich nicht verändert.

Nach dem täglichen Abschied schleicht sich Cora – wie immer in letzter Zeit – zurück in die Küche, brüht sich eine große Tasse starken Kaffe auf, den sie mit viel Zucker süßt, und schaltet das Radio ein. Solange Nestel da ist, läuft das Radio nie, einen Fernseher gibt es in der Wohnung ohnehin nicht. Nestel hat Cora erklärt, dass er es zu laut findet, in den Straßen, im Büro und überall. Er hat gesagt, dass er an dem Lärmpegel leidet und es deshalb wenigstens in den eigenen vier Wänden so ruhig wie möglich haben will. „Der Lärm wird eines der größten Zukunftsprobleme sein, weil er alles durchdringt", hat Nestel erklärt. Cora war beeindruckt. Sie akzeptierte seine Meinung, war sich bewusst, dass sie in Nestels Welt einzog und dass das wahrscheinlich schon sehr viel mehr Veränderung war, als er gewöhnlich zuließ. Sie glaubte zunächst auch nicht, dass sie damit ein Problem haben würde, mit dieser Ruhe. Sie konnte sich nicht erinnern, dass Fernseher und Radio in ihrem Leben eine besonders große Rolle gespielt hätten. Allerdings gehörten sie ganz selbstverständlich dazu. Jetzt, an diesem Montag Morgen, empfindet Cora eine bedrückende Stille in der Wohnung, die ihr kaum erträglich scheint. Es ist ihr in letzter Zeit schon öfter so ergangen. Während sie ihre Hände an der Kaffeetasse wärmt, erinnert sie sich daran, wie sie Nestel auf dieses Problem angesprochen hat.

„Es ist so still in dieser Wohnung. Wie in einem Grab. Das ist kaum erträglich für mich!"

Nestel hat sie daraufhin sehr verwundert angesehen, mit einem Gesicht, dass in seinem Ausdruck dem Foto über dem Klavier glich, so kindlich, staunend und doch überzeugt. „Aber in allen Dingen ist eine Musik. Wenn du hinhörst, wirst du bemerken, dass es niemals ganz still ist. Jeder Schrank, jeder Teller, jeder Teppich hat seine eigene Melodie." Nestel hat das ganz ernsthaft gesagt. Es war kein Scherz. Cora hat daraufhin tagelang gelauscht, ist noch behutsamer durch die Räume geschlichen, um nichts zu überhören, hat das Radio nicht einmal mehr für die Nachrichten eingeschaltet und hat ein bisschen gehofft, sie würde bald von Liedern überrascht werden, zu denen sie Choreographien erfinden wollte. Aber das einzige, was sie plötzlich in erschreckender Intensität hörte, war das Blut, das in ihren Adern rauschte.

Auch jetzt, als sie da am Küchentisch sitzt, rauscht wieder das Blut überdeutlich in ihren Ohren – obwohl das Radio an ist. Aber sie weiß, dass das Rauschen bald nachlässt, dass das nur das Echo der langen Stille ist. Es ist das Wochenende, das in ihren Ohren dröhnt, die Sprachlosigkeit zwischen Nestel und ihr. Sie kennt das schon. Nachdem Cora einige Tage versucht hatte in dieser wattierten Ruhe zu überleben, war sie sehr nervös geworden. Sie hatte festgestellt, dass es hilft, wenn sie das Radio anschaltet, sobald Nestel das Haus verlässt. Die schnarrende Stimme des Radiosprechers, die leiernden Reklamesongs und das bunte Musikprogramm sind wie gute Geister, die sie herzlich willkommen heißen. Sie sollen die bösen Geister der Stille, des rauschenden Blutes vertreiben. Jetzt, während Cora ihren Kaffee trinkt und die warme Flüssigkeit ihren Körper durchströmt, empfindet sie den Nachrichtensprecher, die Werbespots wie Gäste, die die Wohnung mit Leben bevölkern und ihre Friedhofsstimmung allmählich vertreiben. Während die Ereignisse der Welt in mildem Bariton in die Küchenluft gleiten, werden Coras Gedanken allmählich friedlicher. Sie sieht nicht immerzu Nestel vor sich, sein zartes, ernstes Gesicht, das ihr um so unnahbarer erscheint, je länger sie sich kennen. Stattdessen tauchen ihre Tanzschüler auf, ihr Plaudern und Kichern. Cora lächelt, blickt kurz auf die Uhr. Sie muss sich noch bis 15 Uhr gedulden, vorher hat sie nur selten einen Termin. Nur Mittwochs gibt es schon einen 13 Uhr-Kurs. Aber heute ist Montag. Coras Montags-Schüler sind kokettierende, pubertierende Mädchen, die sich stets an den Ballettstangen festhalten, als wären sie froh in den Zeiten des Umbruchs überhaupt etwas zu haben, woran sie sich halten können. Fortwährend müssen sie plaudern, als wäre es wie atmen für sie, und immer wieder fährt Cora dann dazwischen, ermahnt zur Ruhe. Dabei ist ihr zumute, als würde sie von dem jungen Leben trinken, das sich so schwer in eine Form pressen lässt. Cora unterrichtet außer den Teenagern auch ein paar ganz junge Tänzerinnen, am Donnerstag hat sie ein Grüppchen von fünf Kindern, die erst gerade zur Schule gekommen sind und von ihren Eltern als Talente gesehen werden, ohne dass sie sich selbst unter dem Begriff *Talent* schon etwas vorstellen können. Cora widerspricht den Eltern nicht, bemüht sich auch um die Kleinen, aber wohler fühlt sie sich mit den Teenagern. Die sind zwar mitunter unkonzentrierter, aber doch auch eigenständiger. Teenager kommen selten zum Ballettunterricht, weil sie von zu Hause geschickt werden, dafür sind sie längst zu eigenwillig. Vielmehr sind diese jungen Damen in sich selbst, das Tanzen und ihren Körper derartig verliebt, dass sie in der Regel sehr gewissenhaft übten. Die Teenies, die sich zum Tanzunterricht entschieden hatten, waren in dieser Hinsicht ihren Altersgenossen voraus. Sie hatten eine Entscheidung getroffen und sie waren davon überzeugt. Cora sieht jetzt die kleine rothaarige Katja vor sich, die mit ihren 14 Jahren eher noch die Statur einer Zehnjährigen hat. Einmal hat sie miterlebt, wie Katjas Mutter sagte: „Nächste Woche kannst du nicht zum Unterricht gehen, wir fahren zur Oma." Sie hatte das nur so leichthin gesagt, noch in der Garderobe, aus der Katja gerade verschwitzt auftauchte. „Nein!", hatte Katja daraufhin geantwortet, so laut, dass alle, die noch in der Garderobe waren, zusammenzuckten. „Ich werde nicht zur Oma fahren. Ich werde tanzen!", hatte die Kleine dann hinzu gefügt und dabei überhaupt nicht mehr klein gewirkt, sondern wie eine selbstbewusste junge Frau. Cora muss jetzt schmunzeln, als sie an das rosige Gesicht der Mutter denkt, das daraufhin sichtlich in sich zusammenfiel, als hätte jemand die Luft herausgelassen. „Naja, sehen wir mal", lenkte die Mutter ein, der es offensichtlich unangenehm war, die anderen Tanzschülerinnen als Zeugen zu haben. Cora weiß nicht, ob es später darüber noch lange Diskussionen gab, sie weiß nur, dass Katja auch zur nächsten Stunde pünktlich erschienen war und mit voller Hingabe ihre Übungen absolviert hatte. Vielleicht mangelte es diesen Tanzschülerinnen manchmal an Unbeschwertheit in ihrem Leben, aber dafür hatten sie ein Ziel: Tanzen. Das ist es, was sie vereint und was sie für Cora zu so angenehmen Schülern macht. Die Stunden mit ihnen sind nicht nur Zeitvertreib und körperliche Ertüchtigung, sie sind Lebenssinn. Diese Sinnhaftigkeit ist es, die Cora mit diesen jungen Damen so genießt.

Zwei Mal in der Woche betreut Cora außerdem einen Abendkurs mit erwachsenen Damen. Gelegentlich verirren sich auch ein paar Herren dazu, aber das bleibt die Ausnahme. Sowohl der klassische Ballett-Tanz als auch das moderne Jazztanzen erweisen sich als ein Frauenmetier.

Während sich Cora einen Keks aus der goldenen Dose im Regal holt, ihn zwischen ihren Fingern zerkleinert, um dann Stück für Stück langsam in den Mund zu schieben, überlegt sie, ob es vielleicht auch an ihr liegt, an der Art des Übungsprogramms, das sie bevorzugt auf das weibliche Geschlecht zuschneidet. Cora hat bemerkt, dass sie nie darum trauert, wenn einer der wenigen Männer den Kurs absagt, aber dass sie immer noch einmal telefoniert, wenn eine ihrer Damen oder vor allem eines ihrer Mädchen unregelmäßig wird. Es ist ein gewisser persönlicher Ehrgeiz, der sie mit ihren Schülerinnen verbindet. Sie will Körperbewusstsein lehren und freut sich, ja genießt es, wenn den Tänzerinnen grazile Bewegungen gelingen. Niemals hat sie dasselbe Vergnügen, wenn sie die männlichen Schüler lehrt und betrachtet, obwohl selten wirklich untalentierte in ihren Räumen erscheinen. Jedenfalls sind diese Unterrichtsstunden, mit den jungen, den älteren, den Damen und auch den Herren eine wesentliche Abwechslung in Coras Leben. Es ist ihre Möglichkeit, die Stille der Wohnung hinter sich zu lassen.

Während Cora den letzten Kekskrümel in den Mund schiebt, wird ihr bewusst, dass sie auf Dauer trotz dieser Stunden zu wenig menschlichen Kontakt hat. Im Gegensatz zu Nestel ist Cora keine zurückgezogen lebende Person. Das ist sie nie gewesen. Im Gegenteil, sie mag es, Menschen um sich zu haben, gemeinsam zu reden, zu feiern, zu essen. Ihr Versuch damals an der Brücke ihrem Leben ein Ende zu setzen ist genau diesem Mangel entsprungen, dem

Gefühl, dass ihr ehemaliger Lebensgefährte mit seinen Drohungen und Unberechenbarkeiten nur noch dazu beitrug, sie dem gesellschaftlichen Leben zu entfremden. Immer wieder war es vorgekommen, dass er unerwartet in ihren Unterrichtsräumen oder bei einem Treffen ihrer Freundinnen auftauchte und lautstark verlangte, sie möge jetzt nach Hause kommen. Manchmal hatte er dann getrunken, meistens war er jedoch ganz nüchtern, forderte nur einfach das, was er sein Recht nannte, wollte, dass sie gemeinsam aßen, gemeinsam schliefen, unabhängig davon wie ihre aktuelle Befindlichkeit war. Es hatte keine anderen Menschen von Bedeutung in seinem Leben gegeben, er interessierte sich nicht für Freunde, er wollte keinen Besuch zu Hause empfangen. Er wollte, dass Cora ihm zur Verfügung stand, wann er es für wichtig hielt, und ansonsten wollte er keine Diskussionen. Immer wieder hatten Coras Freundinnen sie gefragt, wieso sie sich mit Udo eingelassen habe, und eigentlich nur, um sich selbst zu verteidigen, hatte sie ihn in Schutz genommen, hatte gute Mine zum bösen Spiel gemacht. „Ich bin gerne mit ihm zusammen!", hatte sie gesagt. „Es ist doch schön, so von seinem Partner gefordert und gemocht zu werden." Vielleicht war das am Anfang auch wirklich so gewesen, und später sagte es Cora so oft, bis es die Freundinnen glaubten, bis sie sich nicht mehr aufregten, wenn Cora die Treffen mitunter sehr plötzlich verließ. Die Freundinnen zeigten sich tolerant, akzeptierten, was Cora für richtig hielt, zumindest scheinbar für richtig hielt. Dieser Schein war es dann, der ihr letztlich – fast – das Genick brach. Es ist eine schwierige, aber immer erträgliche Sache zu leiden. Aber es ist eine andere, kaum erträgliche Situation, wenn es niemanden gibt, der davon weiß, niemanden, der das Leid wahrnimmt. Cora litt, und es gab niemanden mehr, dem sie das mitteilen konnte. Alle die interessiert gewesen waren, hatte sie davon überzeugt, dass ihr Leben bestens verlief. Dabei war Cora zunehmend verzweifelt, sehnte sich nach einer Ruhe, die sie zuletzt nur noch im Tod zu finden glaubte. Ruhe vor Menschen, obwohl sie sich doch nichts sehnlicher wünschte als menschlichen Kontakt. Aber Leute, die sie in ein Leben drängten, das sie nicht führen wollte, waren keine Kontakte, sondern eine Bedrohung. Nachdem Nestel Cora an der Umsetzung ihrer Pläne gehindert hatte, hatte sie es kein zweites Mal versucht, hatte auch niemandem von ihrer versuchten Selbsttötung erzählt, sondern hatte statt dessen begonnen Udo zu konfrontieren, hatte ihm erklärt, dass sie mit vielem unzufrieden war, dass sie ausziehen wolle, was sie schließlich auch tat.

Als Cora jetzt ihre Kaffeetasse ausspült, erinnert sie sich daran, wie sie anfing Udo zu widersprechen und sich selbst zu verteidigen. Es war schwer gewesen, aber doch auch eine gute Zeit. Es hatte etwas von aufbrechendem Leben. Und immer war ihr dabei zumute gewesen, als würde sie Nestels kräftige Hände an ihrer Schulter spüren, so wie in diesem Augenblick an der Brücke.

Für Udo hatte Coras Rückzug allerdings auch finanziell deutliche Konsequenzen. Er war zu dieser Zeit arbeitslos und erledigte nur gelegentliche Hilfsdienste in einem Malerbüro. Bei der folgenschweren Begegnung in der Telefonzelle hatte sich alle seine Wut gegen Cora entladen, die sich wagte, sich ihm zu widersetzen und auch seine finanzielle Basis mit einem Schlag zu zerstören. Wiederum handelte er mit der Überzeugung, sich nur sein Recht zu holen. „Findest du es vielleicht gerecht, dass ich in einer Sozialwohnung lebe und nicht einen einzigen Pfennig übrig habe, um mir nur den kleinsten Luxus zu erfüllen?", hatte er Cora ins Gesicht geschrien. „Ich habe zwei Berufe gelernt, bin immer pünktlich und fleißig gewesen, und das soll jetzt der Dank sein?" Wenn Udo das sagte, war er meistens schon sehr in Rage. Oft genug hatte er die langen Schlangen im Arbeitsamt beobachtet, hatte die Menschen studiert, ihre Gesichter. Anschließend hatte er sie verglichen mit denen, die morgens zu einer Arbeit eilten, die mit Aktentaschen in der Straßenbahn saßen und bald danach Bürotüren aufschlossen. Udo hatte keinen Unterschied entdecken können, der diese Aufteilung rechtfertige. Diese Beobachtungen hatten ihn stets aufs Neue überzeugt, dass es keinen wirklichen Sinn dahinter gab, wieso manche Leute im Anzug, mit Brille, in Jeans, mit lustigen Augen, spitzbübischem Lächeln, mit dicken Bäuchen und mageren Schultern, wieso alle diese Typen keine Arbeit und damit auch kaum Geld hatten, während der Rest der Bevölkerung das vorhandene Geld untereinander aufteilte. Udo fand, dass Menschen füreinander verantwortlich sind, um so mehr, je näher sie sich standen. Wer ein Bett teilte, hatte nicht das Recht zu übersehen, dass der Bettpartner die Socken zum zehnten Mal stopfte, um sich wenigstens eine große Tafel Schokolade kaufen zu können. Udo wollte letztlich dasselbe wie Cora, die damals schon mit ihrem Tanzunterricht ganz gut verdiente: Er wollte in seiner Not wahrgenommen werden. Aber er vergaß, dass man sich dieses Ziel kaum mit Gewalt ertrotzen kann. Deshalb hatte Udo Cora an jenem Tag einfach das Portemonnaie abnehmen wollen, hatte jedoch nicht mit ihrem erbitterten Widerstand gerechnet. Die Auseinandersetzung hatte zunächst in ihrer Wohnung statt gefunden, wobei im Wesentlichen Udo schimpfte, während Cora schwieg, bis sie plötzlich ihre Handtasche packte und wortlos aus der Wohnung stürmte. Sie hatte mit keiner Silbe auf Udos Gedanken, seine Vorstellungen, Wünsche und Verletzungen reagiert. Udo hatte sich wie betäubt gefühlt, wie unter einer Glasglocke, die ihn an irgendeinen unwirtlichen Ort sperrte, an dem er nicht sein wollte. Er hatte die Wohnung dann ebenfalls verlassen, weniger um Cora zu suchen, als um überhaupt etwas zu tun. Dann war er an der Telefonzelle vorbei gekommen, hatte gesehen, dass Cora telefonieren wollte und dabei das Gefühl bekommen, dass etwas grundsätzlich verkehrt lief, dass es unmöglich war, wie sie ihn einfach stehen ließ, als wäre sie stumm, aber jetzt ihre Worte jemand anderem entgegen schüttete. Das war der Moment, wo etwas in Udo explodierte. Er riss die Telefonzellentür auf, griff nach Coras Handtasche, beschimpfte sie und hatte den Gedanken, dass er, wenn schon nicht Cora, so wenigstens ihre Geldbörse haben wollte. Er war selbst dort noch davon ausgegangen, dass es genügen würde, lautstark seine Meinung zu sagen, um dann unbehelligt mit dem Portemonnaie abziehen zu können. Die Tatsache, dass Cora sich wehrte und ihr daraufhin so schnell Leute zu Hilfe eilten, hatte Udo nachhaltig verunsichert. Er war dann wegen dieses Überfalls zu einer Haftstrafe verurteilt worden. Er hätte auch alternativ eine Geldstrafe aushandeln können, aber die Dimensionen überstiegen seine Möglichkeiten, das jemals abzuzahlen. Ihm erschien das eine unangemessen harte Strafe, die seinen Gerechtigkeitssinn erneut auf eine harte Probe stellte. Wieso wurde Cora niemals für das bestraft, was sie ihm antat, wieso fand es niemand anstößig, dass sie sich auf einmal so wenig um ihn sorgte? Und wieso mussten Menschen, die nicht genug Geld hatten, ins Gefängnis, obwohl ihre Möglichkeiten doch ohnehin schon so weit begrenzt waren? Cora dagegen empfand Udos Haft nur als eine sehr geringe Strafe. Es ließ sich aber außer versuchtem Diebstahl nichts nachweisen, zumal es schließlich Cora gewesen war, die immer wieder und überzeugend in der Öffentlichkeit gesagt hatte, dass Udo sich liebevoll verhielte und alles seine Ordnung hätte. Cora hatte lange überlegt, ob es nun besser wäre, ihre ehemaligen Worte als Lügen zu entlarven, aber dabei ergriff sie die vage Befürchtung, dass ihr dann nie geglaubt werden würde. So sprachen sie also vor Gericht nur von der Trennung und dem nachfolgenden Überfall.

„Ist das alles, was sie dem Angeklagten vorzuwerfen haben, oder haben sie noch eine Ergänzung?", fragte der Richter. Cora starrte auf den Boden, kaute auf ihrer Zunge und sagte schließlich: „Ich habe alles gesagt." Damit war die Sache für das Gericht erledigt und Cora versuchte es auch so zu sehen. Sie ignorierte ihre Albträume und stürzte sich in die Arbeit. Lange Zeit war sie dann auch wirklich von Schlafstörungen verschont geblieben. Sie sank stets so erschöpft und spät in die Kissen, dass jede Nacht einer Bewusstlosigkeit glich, an die sie sich am nächsten Morgen nicht mehr erinnerte.

Das lag nun bereits geraume Zeit zurück. Heute allerdings, in der Nacht von Sonntag auf Montag, hat Cora wieder einen dieser Träume gehabt. Der Traum fängt immer damit an, dass sie tanzt, ein wohliger Zustand der Bewegung. Aber der Boden, auf dem sich ihre Füße drehen, wird bald weicher, es wird ein Sumpf, in den sie soweit einsinkt, dass an Tanzbewegungen nicht mehr zu denken ist. Immer noch bewegt sie sich weiter, beschleunigt dadurch jedoch das Versinken in dem morastigen Boden. Sie ruft um Hilfe, sieht Udo kommen, doch dann ist er plötzlich fort, in ein Erdloch gerutscht.

Diesen Traum hatte Cora damals ein paar Mal. Heute Nacht war bei ihren Hilferufen nicht Udo erschienen, sondern Nestel. Er kam auf sie zu, ohne von einem Erdloch verschluckt zu werden. Er nahm sich einen Stuhl und setzte sich direkt neben den Morast, in dem Cora unterging. „Hilf mir doch", rief

Cora, und Nestel sagte „Ja". Aber er sah sie dabei nicht an, sondern baute eine Staffelei vor sich auf und malte. Er war vollkommen in seine Malerei vertieft. Kurz ehe Cora ganz ertrank, wachte sie auf, müde, schweißgebadet. Nestel war schon aufgestanden, sie hörte sein Klappern in der Küche.

Während Cora die Kaffeetasse abtrocknet, in den Küchenschrank stellt und die Kekskrümel vom Tisch wischt, fällt ihr der Traum wieder ein. Sie denkt, dass Nestel nichts von ihr verlangt, so wie Udo. Aber dass er ihr trotzdem nicht wirklich hilft, nicht sieht, wo ihre Bedürfnisse liegen. Cora holt die Sparbüchse aus der Kommode, in der das Geld für Lebensmittel liegt. Cora und Nestel füllen die Büchse zu gleichen Teilen. Geld spielt in der Beziehung von Cora und Nestel eine wichtige Rolle, obwohl es zunächst so aussah, als ob keiner von beiden sich für das Thema ernsthaft interessiere. Sie sind beide nicht arm und leben dennoch relativ bescheiden. Nestel ist in dieser Hinsicht sogar fast spartanisch. Das ist dann schließlich auch der Anlass für die ersten Auseinandersetzungen um dieses Thema. Oder vielleicht war auch eigentlich Theo der Anlass. Cora kann keine großen Sympathien für Theo empfinden, der sich wie gewohnt mit Nestel getroffen hatte, nachdem der Ostseeurlaub beendet war. Dabei machte auch Cora die Bekanntschaft von Theo, das heißt, zunächst lernte sie ihn nur indirekt kennen und vielleicht war genau das das Problem. Nestel ist kein Mensch, der viel erzählt, auch gegenüber Cora nicht. Er ist im Allgemeinen genauso still wie zu den anderen Menschen, nur dass zwischen ihnen trotzdem ein intensiver Austausch besteht, ohne Sprache. Das ergibt sich einfach durch die Häufigkeit des Zusammenseins. Ihr Urlaub hatte in dieser Hinsicht dem Leben siamesischer Zwillinge geglichen. Sie besprachen nicht, was sie tun wollten, sie taten es einfach, und während es der eine tat, folgte der andere nach. In ihrer Wohnung ging das so ähnlich weiter, nur dass sie allein auf Grund der Arbeit häufiger getrennt waren. Dadurch teilten sie ihr Leben nicht mehr so intensiv, und was sie nicht gemeinsam erlebten, war der Gemeinsamkeit vielfach vollständig entzogen, weil sie nicht darüber redeten. Zumindest Nestel redete nicht, und in Bezug auf Theo teilte er eben nur mit, dass er mit ihm zum Essen gehen würde. Coras Frage: „Wer ist Theo?", beantwortete er klar und kurz, wie es seine Art war: „Mein Freund." Damit schien für Nestel alles gesagt zu sein. Cora gab sich zwar im ersten Moment zufrieden, aber zugleich betrachtete sie die Treffen mit Theo mit wachsender Unruhe. Nestel, dieser menschenscheue, sensible Kerl, der sich mit Cora zum ersten Mal auf eine Frau so nah eingelassen hatte, hatte also noch einen Freund. Cora beobachtete, dass sich Nestel jedes Mal auf Theo freute, und dass die Treffen mitunter mehrere Stunden dauerten. Spät am Abend kam Nestel dann zurück. Er roch nie nach Alkohol oder sonstwie verdächtig, aber doch war es seltsam genug, dass er so lange ausblieb, während er ansonsten immer um 22 Uhr zu Bett ging. Alles das machte Cora misstrauisch. Vielleicht hätte sie kein Problem gehabt, Nestel seine Männerfreundschaft zuzugestehen, wenn er davon erzählt hätte, wenn er ihr gesagt hätte, was sie an diesen Abenden taten und was ihn daran so faszinierte. Etwas erzählt zu bekommen ist eine Möglichkeit, Nähe auch dann aufrecht zu halten, wenn sie räumlich nicht gegeben ist. Es ist aber auch eine Form der Kontrolle, etwas, das dem Zuhörenden erklärt, wie das Leben des anderen abläuft. Was erklärt wird, kann verstanden werden, und was wir verstehen, vermittelt Sicherheit. Jemand, der erzählt, was er tut, demonstriert außerdem, dass er kein schlechtes Gewissen hat und dass er seinem Gegenüber vertraut. Nestel hatte wahrscheinlich nicht viel Vertrauen, aber er hatte auch kein schlechtes Gewissen oder sah einen anderen Grund, über sein Leben Rechenschaft abzulegen. So schwieg er zum Thema Theo, ohne dass er tatsächlich etwas verstecken wollte. Er kam einfach nicht auf die Idee, dass das für Cora ärgerlich sein konnte. Sie hatte ihr Leben und er seins und es genügte, wenn man sich im eigenen Leben auskannte, so sah das Nestel. Es traf ihn deshalb ganz unerwartet, als Cora schließlich mit sehr scharfer Stimme sagte: „Wer zahlt eigentlich dem Theo immer das Essen. Soweit ich gehört habe, ist er ein ganz armer Schlucker?!" „Ich", antwortete Nestel ehrlich und dachte, damit wäre das Thema erledigt. Er täuschte sich.

„Du? Weißt du eigentlich, wie oft du mich schon zum Essen eingeladen hast?" Cora bekam jetzt hektische rote Flecken im Gesicht. Das war ein Alarmzeichen. „Aber du kannst das doch gut alleine bezahlen", sagte Nestel sachlich, wenngleich schon etwas irritiert. Cora fing jetzt an zu weinen. Das mochte er gar nicht, weil er sich dabei besonders hilflos fühlte. Und scheinbar war er nun auch noch der Auslöser allen Übels. „Du bist doch eine tüchtige Tanzlehrerin", versuchte Nestel schmeichelnd seiner Rede Nachdruck zu verleihen. Aber das schien Coras Gefühle nur noch weiter aufzupeitschen: „Es geht nicht darum, dass man es bezahlen kann, es geht darum, etwas geschenkt zu bekommen." „Ach so", sagte Nestel und konzentrierte sich sehr auf Coras Worte, die zwischen ihren Tränen nur schwer zu verstehen waren. „Du gehst doch mit Theo nicht nur essen, weil er arm ist, sondern weil du ihn gerne magst!" „Natürlich." Nestel nickte und konnte nicht wirklich begreifen, wieso Cora das in so einem vorwurfsvollen Ton sagte. „Ja und, hast du mich denn nicht gern?" „Aber doch." Nestels Antwort klang jetzt allerdings nicht sehr überzeugend. Das lag nicht daran, dass er Cora nicht mochte, sondern eher daran, dass er den Zusammenhang nicht verstand. „Vielleicht redest du auch noch den ganzen Abend mit diesem Theo und bezahlst ihm nebenher ein Vier-Sterne-Menü!" Cora war ganz offensichtlich in Rage. Nestel sah irritiert aus. Er war sich mal wieder nicht sicher, ob Cora Unsinn redete oder ob er nur den Sinn nicht entschlüsseln konnte. Im Ergebnis schien ihm der Unterschied nicht so groß. Cora wechselte schließlich die Tonlage und bettelte: „Bitte geh doch auch mal mit mir aus. In ein schönes Restaurant oder irgendwas!"

„Aber wir haben es hier zu Hause doch sehr hübsch!", hatte Nestel damals geantwortet, und dann war Cora wütend aus dem Zimmer gegangen, hatte die Tür zugeknallt und nicht gewusst, ob sie eigentlich mehr auf diesen Theo oder auf Nestel wütend war. Danach war Nestel dann auf die Idee gekommen, dass sie diese gemeinsame Sparbüchse anlegen, aus der sie ihr Essen bezahlen. Jeder steckt Anfang des Monats seinen Beitrag in die Spardose, und wer Lebensmittel einkauft, nimmt das Geld dann dort heraus. Damit ist sichergestellt, dass es bei der Finanzierung der Mahlzeiten nicht ungerecht zugeht.

In ein Restaurant gegangen sind sie aber seitdem immer noch nicht. Heute nimmt Cora 30 Euro aus der Dose. Sie will auf dem Markt Fisch kaufen. Als Cora die Dose wieder in die Kommode zurück stellt, seufzt sie. Es ist alles gerecht geregelt, denkt sie, aber es ist nicht liebevoll. Liebe ist nicht gerecht, nichts was man sich verdienen oder einteilen kann. Die Dinge in Cora und Nestels Leben haben ihre Ordnung, aber das allein macht nicht glücklich.

Die Veränderung

Rückzug und Passivität sind Waffen, deren Klingen man nicht sieht.

Etwa ein Jahr nach diesem Morgen in der Küche, an dem Cora ihr Unglück so deutlich verspürte, erklärt sie ihrer Freundin Lore, dass die Veränderungen von Nestel ganz schleichend begonnen hätten. Sie sagt, dass Nestel sich zuerst verändert habe, nicht die Beziehung, das sei nur eine Folge. Theodor meint dagegen, Nestel hätte sich nie wesentlich verändert, nur die Umstände wären anders geworden. Im Ergebnis ist das vielleicht das gleiche. Jedenfalls passen die Umstände und Nestel irgendwann nicht mehr so recht zusammen.

Am deutlichsten lässt sich die Veränderung auf dem Balkon beobachten. Eine stete Unruhe beginnt die Geborgenheit der kleinen Nische zu zerfressen. Sobald Cora sich dort hinsetzt, steht Nestel auf. Statt sich Cora zu nähern, ihre Hand zu nehmen, so wie er das am Anfang oft getan hat, versteift sich sein ganzer Körper, sein ganzes Wesen. Es strahlt eine Spannung aus wie ein Tiger kurz vor dem Sprung. Er steht auf, verlässt die Ecke, stolziert in einen anderen Raum, zuerst in die Küche, dann weiter, so als wäre das immer noch zu nah, als könnte dann immer noch ein Gespräch beginnen. Er will nicht sprechen. Das ist jetzt offensichtlich. Es war ihm schon immer zuwider gewesen, er hat für Cora nur ein paar Ausnahmen gemacht, und jetzt ist es, als hätte er Nachholbedarf, als müsse er Stille und ungesprochene Worte für sich zurückgewinnen, suchen, stapeln, um sich aufbauen wie eine Mauer. Er braucht Schutz.

Dann ist da noch dieser Blick, dieses Unruhige in den aschegrauen Augen von Nestel. Fast ist es, als würden sie zu Staub zerfallen. Kleine graue Körner, die richtungslos durch die Luft gaukeln. Die Augen drücken die Unruhe am deutlichsten aus, das Nervöse. Da Nestel nicht spricht, jetzt noch weniger als sonst, liegt seine Nervosität umso drückender in der Luft. Ein Fluchen, ein Schimpfen, ein Lamentieren über die Dinge, die ihm nicht gefielen, hätte die Situation sicherlich entspannt, hätte Cora einen besseren Einblick in seine Gedanken gegeben. So ist es bei ihr nur ein Raten, ein Fühlen, ein vages Spüren seines Unwohlseins. Eine Zeitlang versucht Cora, das alles zu ignorieren. Sie redet sich ein, sie solle nicht so empfindlich sein, begegnet Nestel mit besonderer Freundlichkeit, ringt ihrem Gesicht stets ein Lächeln ab, wenn sie Nestel sieht, versucht ihre Ängste zu verschlucken, zu unterdrücken. Sie hätte wissen müssen, dass das keine gute Art ist mit Nestel umzugehen. Er fühlt sich auf nicht fassbare Weise hintergangen. Er spürt, das etwas nicht stimmt. Nestel denkt dabei nicht daran, dass er anders geworden sein könnte, schließlich ist er doch stets darum bemüht, Veränderungen zu vermeiden. Aber dass Coras Lächeln nicht zu ihrem Herzklopfen passt, zu ihren nervösen Fingern, das bemerkt er. Er ist irritiert.

Nach wie vor geht er seinen Spaziergang mit großer Regelmäßigkeit, am liebsten sogar zwei Mal täglich, morgens und abends, in jedem Fall aber am Abend, immer dieselbe Runde. Dabei achtet er jetzt stets darauf unterwegs zu sein, ehe Cora nach Hause kommt, ehe sie fragen kann, ob sie ihn begleiten soll. Ganz offenkundig ist er lieber allein. Er eilt dann in flinken Schritten den Weg entlang, den Kopf gesenkt, als wolle er vermeiden, zu viel zu sehen. Nur an der Eisenbahnbrücke verlangsamt er den Schritt, hebt den Kopf, bremst schon etliche Meter davor seine Geschwindigkeit, schleicht und schlendert dann auf die Brücke zu, als wäre er heimlich dort, wirft Blicke nach links und rechts, um zu prüfen, ob ihn jemand beobachtet. Erst dann setzt er den Weg über die Brücke fort, zögernd, sehr bedächtig einen Fuß vor den anderen setzend. Dabei taumelt er stets ein bisschen auf das Geländer zu, fasst nach dem Stacheldraht, der für seine Größe nicht unbedingt hoch ist, grübelt einen Moment, wartet bis der 18 Uhr-Zug durchgefahren ist, seufzt dann und geht plötzlich wieder schneller, mit neuem Antrieb weiter den Weg entlang, ohne sich noch einmal umzudrehen, ohne überhaupt noch einmal eine kleine Pause oder auch nur ein Zögern einzulegen.

„Ich habe ja immer gesagt, er ist verrückt", sagt Lore, und die anderen Freundinnen stimmen ihr zu, wenn Cora ihre Befürchtungen äußert, ihre Unsicherheit, ihre Einsamkeit. Es schwingt der Vorwurf mit, wieso sie sich mit so einem Exzentriker eingelassen hat. Sie widerspricht trotzig, erinnert ihre Bekannten daran, dass sie ihr nach dem Ostseeurlaub alle gesagt hatten, wie vergnügt sie aussähe. Aber ihre Freundinnen weisen die Idee von sich, sie hätten das je anders gesehen. Sobald sie Nestel kennen gelernt hätten, wären ihre Zweifel da gewesen. Seine Ausstrahlung wäre seltsam. Er hätte etwas von einem Außerirdischen. Das wäre vielleicht ganz interessant, aber niemand zum Zusammenleben. Cora fühlt sich allein gelassen, unverstanden. Aber im Stillen gibt sie den anderen doch recht. Sie fragt sich, wie sie mit einem Eremiten leben soll, der ihre Anwesenheit meidet. Es gibt keine Antwort, nur diese zähe Stille in der Wohnung.

Vielleicht, wenn sie zu diesem Zeitpunkt einmal Nestel angesprochen hätte, ihre Befürchtungen mitgeteilt oder auch nur gefragt hätte, wie es ihm geht, vielleicht hätte er ihr dann gesagt, dass im Moment alles ein bisschen anders aussieht. Vor allem die Farben, die Farben sind so viel intensiver für ihn geworden. Das Grün der Wiese hat ein fast metallisches Leuchten bekommen, ein grelles Leuchtstiftgrün, das in Nestels Augen brennt. Die Heckenrosen schäumen über von einem Rot, das blutstropfengleich sein Echo über die Wege wirft, auf dem grellen Weiß der Kieswege reflektiert, obwohl die Herbstluft eigentlich längst allem Leben die explosive Intensität genommen hat. Die Farben sind in ihrer Intensität bedrohend, erdrückend, unerträglich geworden, das ist der Grund, warum Nestel sie nach Möglichkeit meidet. Auch die Geräusche haben sich verändert, das Tropfen des Wasserhahns gleicht Kanonenkugeln, die auf einem Gletscher detonieren und polternd Eisstücke mit sich reißen. Das Quietschen des Korbstuhls säbelt die Luft in Fetzen, die rasierklingenscharf das Trommelfell durchtrennen. Und dann die Gerüche, am schlimmsten sind die Gerüche, dieser dicke süßlich-schwere Leim in der Luft, der die Atemwege verklebt und beschwert. Blütenstaub, feuchte Erde, die Ausdünstungen schwitzender Haut. Wenn Cora sich erkundigt hätte, wenn sie ganz gewöhnlich gefragt hätte, ob etwas los ist, vielleicht hätte Nestel es ihr erklärt, hätte ihr zumindest andeutungsweise erzählt, was er sieht, was er hört, dass alles so heftig geworden ist. Vielleicht hätte Nestel sich beim Nachdenken erinnert, dass er das früher auch schon erlebt hat, wenn er zu viel mit Menschen zusammen gewesen war, wenn seine Grenzen überschritten worden waren. Wenn Nestel nicht so sehr damit beschäftigt wäre, sich gegen alle diese intensiven Wahrnehmungen zu schützen, dann wäre ihm möglicherweise schnell zu Bewusstsein gekommen, dass er überfordert ist. Überlastet an der Nähe zu Cora, die sich zu einer symbiotischen Nähe mit der ganzen Welt ausgeweitet hat. Aber da sich Nestel so überschwemmt fühlt von Wahrnehmungen, kann er sein Gehirn nicht auch noch zum Reflektieren bemühen. Und Cora gibt zunächst ebenfalls keinen Anstoß dazu, sie fragt nicht. Sie ist nicht gewöhnt zu fragen. Sie haben immer geschwiegen, still und einvernehmlich am Anfang, still und ängstlich später. Jetzt kennt sie keine Worte, spürt nur, dass das Einvernehmen fehlt, fühlt sich betroffen, ausgegrenzt, kritisiert. Aber sie sagt es nicht. Sie hat Angst, durch ihre Worte etwas zum Leben zu erwecken. Etwas, dass sie in der Stille zu ersticken hofft. Cora ist nach wie vor davon überzeugt, dass es in jeder Gesellschaft, in jedem Zusammenleben bestimmte Regeln gibt, nach denen man sich zu richten hat, ohne es extra zu vereinbaren. Nestel befolgt diese Regeln jedoch im Moment fast überhaupt nicht. Vielleicht hat er sich auch noch nie danach gerichtet, ist immer nur seinen eigenen Strukturen gefolgt, aber solange alles im Einklang war, ist das Cora nicht wirklich aufgefallen. Es macht ihr nichts aus, wenn er rote und gelbe Socken trägt, solange er abends mit ihr auf dem Balkon sitzt und die Blumen betrachtet. Dann kann Cora am nächsten Tag Lore erzählen, wie schön sie es gemeinsam haben, wie liebevoll Nestel ihre Nähe sucht. Nur selten hat Cora den Gedanken gehabt, dass Nestel vielleicht auch auf dieser Bank sitzen würde, wenn sie nicht da wäre, dass es nicht wirklich wichtig für ihn ist, dass sie zu zweit dort sind. Immerhin, da sie immer zusammen dort sitzen, jeden Abend, ist es leicht anzunehmen, dass das für beide wichtig ist. Es sieht aus wie eine liebevolle Partnerschaft. Alle Regeln, die Cora bekannt sind, sind erfüllt, auch wenn das ewige Schweigen vielleicht ungewöhnlich ist.

Als Cora damals von der Brücke springen wollte, hatte sie das Gefühl gehabt, die gesellschaftlichen Regeln oder einfach ihre Vorstellungen von Partnerschaft und Leben seien unerfüllbar, zumindest für sie. Udo hielt sich an nichts, was sie für wichtig erachtete, und ihre Versuche, sein Verhalten durch ihre Nachgiebigkeit auszugleichen, waren letztlich gescheitert. Es war kein

Leben mehr, dass ihren Vorstellungen entsprach, wiewohl ihre Freundinnen behaupteten, sie hätte es doch so gewollt. Cora geriet in Verwirrung über das, was sie sich vorstellte und das was war. Sie fand keinen Weg, ihre Vorstellungen mit dem Leben zur Deckung zu bringen, statt dessen schlussfolgerte sie, dass der Tod die einzige Lösung bot. Es war kein wirklich logisches, kühles Abwägen, aber doch ein Prozess, der über viele Monate fortschritt. An dem Tag, als sie zur Brücke gegangen war, war Udo nachts angetrunken nach Hause gekommen. Cora hatte schon im Bett gelegen, sich schlafend gestellt. Sie roch seinen verschwitzten Körper und den Dunst nach Bier und Zigaretten. Er hatte sich nicht geduscht, ehe er sich neben sie legte, und sie hatte einen tiefen Ekel empfunden. Sie war mit dem Entschluss eingeschlafen, von Udo am nächsten morgen den Wohnungsschlüssel zurückzufordern. Aber dann hatte sie geträumt, wie sie nackt über eine Wiese ging. Es war sehr sonnig und warm, sie setzte sich neben einen Bach ins Gras, spürte das weiche Kitzeln der Halme auf ihrer Haut und wie eine sumpfige Feuchtigkeit zwischen ihren Beinen aufstieg. Sie hatte sich hin gelegt, in den Himmel gesehen, und plötzlich hatte sich von dem blauen Himmel eine weiße Wolke gelöst, die langsam auf sie hernieder glitt und ihren ganzen Körper bedeckte und berührte. In diesem Moment war sie aufgewacht, nur halb, nur soweit, dass sie spüren konnte, dass sie tatsächlich umarmt wurde. Sie hatte ihre Beine weit auseinander gedehnt, mit dem unsäglichen Wunsch alles in sich aufzunehmen, die Wolke, die Wärme, das harte Glied, das jetzt so sanft in ihr Inneres glitt, während Udos unrasiertes Kinn über ihre Brust rieb und sein Atemstrom ihr Dekolleté liebkoste. Seine stoßenden Bewegungen waren immer schneller geworden und ihr Becken hatte im selben Rhythmus getanzt, bis es plötzlich einen Riss im Universum gab. Einen Stillstand, der wie warmes Gold von ihrem Bauchnabel aus in Kopf, Arme und Beine glitt. Sie hatte die Wärme bis in den vorderste Spitze ihrer kleinen Zehe gespürt und dann war sie wieder eingeschlafen. Lächelnd, entspannt, Udo mit ihren Armen fest umschlingend. Als sie am Morgen danach aufgewacht war, als ihr bewusst wurde, dass sie nicht nur geträumt, sondern mit Udo geschlafen hatte, brach ihr Ekel, ihre Wut und Verzweiflung in einer für sie nie gekannten Form durch. Sie stand auf, während Udo noch schlief, sagte nichts wegen des Wohnungsschlüssels, rief statt dessen ihre Tanzschülerinnen an, um den Nachmittagstermin abzusagen, und irrte dann den ganzen Tag lang durch die Stadt. Mehrfach war sie dabei über die Brücke gegangen, hatte sich gefragt, wie es wäre zu springen, bis sie schließlich zu der Ansicht kam, so ein Sprung wäre allemal besser als zu Udo und ihren Freundinnen zurückzukehren und ihr Verhalten zu erklären, dass sie doch selbst nicht erklären konnte. Und dann war Nestel gekommen. Ein Jemand, der ihren Sturz verhinderte, ein Jemand, der sie anlächelte, als sie später am Boden der Telefonzelle, am Boden der Welt saß. Mit Nestel war es ihr einen neuen Versuch wert. Das

Leben, das Bemühen um Partnerschaft, um Harmonie. Aber Cora hatte mit dem neuen Versuch auch die alten Regeln und Vorstellungen wieder hervor geholt.

Als Cora die ersten Anzeichen von Nestels Rückzug bemerkt, als sie sich das erste Mal abgelehnt und abgewiesen fühlt, schluckt sie das noch bereitwillig. Nestel hat einen Vertrauensvorschuss, weil er da war, als niemand mehr da war. Cora macht ihm keine Vorwürfe, spricht nicht einmal ihr Unwohlsein an, weil sie davon ausgeht, dass Zugeständnisse in einer Partnerschaft nötig sind. Nestel ist niemals betrunken, er platzt nicht mit groben Worten dazwischen, wenn Cora mit ihren Freundinnen Cafe trinkt. Er ist leise, vorsichtig, ganz anders als Udo – also beschwert sich Cora nicht. Sie leidet schweigend, nimmt Nestels Distanziertheit hin, in der festen Überzeugung, bald werde er ihr wieder die Wünsche von den Augen ablesen, werde sich so verhalten wie an der Ostsee, so wie es sich für einen Partner gehört. Vielleicht ist er nur ein bisschen überarbeitet, tröstet sich Cora. Aber Nestel weiß nicht, was sich in Coras Augen für einen Partner gehört, er denkt darüber nicht einmal nach. Er hat auch an der Ostsee nie darüber nachgedacht, er ist nur einfach einem Sog gefolgt, der ihn geleitet hat. Jetzt hat dieser Sog nachgelassen, statt dessen hat alles eine Intensität entwickelt, vor der er sich schützen muss. Er hat sich geöffnet, um Cora zu lieben, und hat dabei nicht bedacht, dass nun die ganze Welt in seine Offenheit hineinfließt. Manchmal bewegen sich jetzt auch seine Lippen, so als wären Worte, Geräusche, irgendetwas in ihm versteckt oder würden durch ihn durch fließen, würden an seinen Lippen kratzen, einen Ausgang suchen, eine Form. Aber es gelingt im Allgemeinen nicht. Bis auf ein gelegentliches Brummen oder Räuspern bleibt er still.

Nestel ist jetzt oft schon im Bett, wenn Cora nach Hause kommt, obwohl es kaum zehn Uhr ist. Er liegt mit offenen Augen da und starrt die Zimmerdecke an oder die Wand, die Tapete. Früher hat Cora es genossen neben ihm zu liegen, nichts zu sagen, sich zu spüren, die Gedanken baumeln zu lassen. Es hat eine stille Verbundenheit gegeben, wenn sie irgendwo im Gras lagen, Wolken zählten oder vom Bett aus die Flecken auf der Zimmerdecke betrachteten. Sie hingen den Ereignissen des Tages nach, manchmal, eher selten, hatte einer von beiden etwas gesagt, Cora häufiger als Nestel, aber immerhin gelegentlich auch er. Was auch immer sie sagten, es war für den anderen nie überraschend oder unverständlich, es war meist klar, was zu sagen war, es entstand aus der stillen Kommunikation, die sie vorher mit sich und der Welt geführt hatten, so wie der Seifenschaum in einer Badewanne, der sich bei einer sanften Bewegung in das Wasser hinein auflöst, aus dem er entstanden ist.

„Soll ich den tropfenden Wasserhahn reparieren?", sagte Nestel einmal, nachdem sie bestimmt eine halbe Stunde lang gemeinsam auf dem Sofa gelegen, dem Tropfen gelauscht und Händchen gehalten hatten. Dann waren sie im nächsten Moment, noch ehe Cora geantwortet hatte, beide aufgesprungen, so als hätten sie es schon lange vorbereitet, als hätten sie es abgesprochen und geplant. Nestel war in die Küche zu dem Wasserhahn gegangen, Cora hatte die Werkzeugkiste geholt, sie hatte die Dichtungsringe herausgesucht, während Nestel den Wasserhahn abschraubte. Zehn Minuten später saßen sie wieder auf der Couch, genossen die Stille, lauschten auf das verschwundene Tropfen des Wasserhahns und fühlten sich zufrieden. Das hatte sich kurz nach Coras Einzug ereignet. Am Ende des ersten gemeinsamen Jahres ist das anders. Die Stille hat ihre Einvernehmlichkeit verloren, quillt gallertig über allen Zimmern, allen Augenblicken, bis Cora es schließlich nicht mehr aushält. Sie sagt. „Ich möchte gerne mit dir zu einer Beratung gehen."

Vielleicht wäre die ganze Situation gar nicht so beunruhigend für Cora gewesen, wenn Nestels Image nicht gewesen wäre. Das Bild: Er ist verrückt. Viele sagen das, tuscheln darüber, zerreißen sich den Mund, woher er das Geld hat, so viel könne doch einer nicht verdienen, der fast nicht spricht. Zumindest können sie es sich nicht vorstellen, dass das möglich ist. Was würden sie alle für Worte verschwenden, für überflüssige Energie in Satzformulierungen stecken, wenn man das gar nicht brauchte? Es ist wichtig, dass sie sprechen, dass sie ihre Meinungen kundtun, ihre Bewertungen. Sie haben keinen Zweifel, nur so kann man bestehen. Es ist wichtig, der Sekretärin zu sagen, dass die Korrekturen zwanzig Zeilen betreffen und dass sie beim nächsten Mal gewissenhafter sein soll, es genügt nicht, ihr ein korrigiertes Blatt vorzulegen. Das ist unkollegial und damit erfolglos. Aber Nestel macht das so, er legt das Blatt am Abend auf den Schreibtisch der Sekretärin, lange nachdem sie gegangen ist, und sie legt ihm die korrigierte Version morgens wieder auf seinem Platz, früh schon, gleich nachdem sie es geschrieben hat und ehe Nestel sein Büro betritt. So kommunizieren sie schweigend, und manchmal findet die Sekretärin das auch gut, erlebt es als angenehm, dass sie ihre Ruhe hat, keinen Chef, der ihr in den Ohren dröhnt. Aber sie sagt das nicht, betont nirgends, dass ihr das meistens durchaus gefällt. Wenn man sie fragt, sagt sie nur: Der Nestel ist komisch. Es ist besser, Nestel seltsam zu finden, die meisten tun das. Und es ist auch tatsächlich komisch, wie er sich verhält, wie er die Arbeit so stillschweigend mit ihr regelt, während die anderen ihre Gedanken in ihrer stolz geschwellten Brust intonieren.

Cora hat stets gehört, was die anderen sagen, was sie über Nestel erzählen, hat versucht dem keine Bedeutung beizumessen, hat sich und ihre Freunde mit dem Wort *Toleranz* beruhigt. Jeder kann sein Leben führen wie er will, solange er damit niemand verletzt. Wo es keine Kläger gibt, gibt es auch keinen Angeklagten. Nestel hat auch nicht vor, irgend jemanden zu verletzen, es liegt ihm vollkommen fern. In seiner Zurückgezogenheit hat er dafür gar keine Gelegenheit, seine Berührung mit den anderen ist so gering, so selten, so begrenzt, dass es kaum möglich ist, in diesen kurzen Momenten Wunden zu hinterlassen. Aber seitdem er mit Cora zusammenlebt, ist das anders. Es hat sich verändert, ohne dass es ihm bewusst ist. Sein gewöhnliches Verhalten. Seine schweigende Art sind keinen Funken aggressiver als zuvor, aber sie haben jetzt eine andere Wirkung, weil jemand sie miterlebt. Rückzug und Passivität sind Waffen, deren Klingen man nicht sieht. Sie verletzen, sofern jemand da ist, der sich berühren lässt. Etwas nicht zu tun, nicht zu sagen, ist auf geheime Weise aggressiv, wenn jemand da ist, den das betrifft. Zu schweigen bedeutet nicht, nichts zu tun. Es ist eine Entscheidung, ein einsamer Beschluss. Es ist eine Form der Kommunikation, die dem Partner alle Möglichkeiten entzieht, es ist Gewalt auf Samtpfoten.

Cora hat sich von Nestel berühren lassen und nun fühlt sie sich verwundet, verlassen, hinten angestellt. Sie erlebt sich wie einen Vogel, der eine Glastür durchfliegen möchte, an dem harten Glas aufprallt, zu Boden stürzt, dort sitzt, verletzt, verwundet und ohne zu verstehen. Wo kein Hindernis zu sehen ist, muss man fliegen können. Natürlich ist das so, anders ist es nicht denkbar. Für Cora nicht. Sie beginnt Nestel zu beobachten, zu analysieren, sie überwacht seine Bewegungen, sein Schweigen. Sie tut das mit solcher Intensität, solcher Gewissenhaftigkeit, dass sie weniger Zeit als früher für sich selber hat. Obwohl Nestel stets alleine spazieren geht, obwohl sie abends keine Zeit mehr auf der Balkon-Bank zusammen verbringen, ist Cora auf seltsame Weise gehetzt. Mit Mühe erreicht sie ihre Unterrichtsstunden. Manchmal geht sie mit Freunden aus, bleibt bis spät in die Nacht, redet, trinkt, amüsiert sich. Aber das ist eher selten, öfter ist sie zu

Hause, wacht über Nestel, wartet bis er von seinem Spaziergang zurückkommt, kocht etwas zu essen, das sie dann alleine isst, wartet in ihrem Arbeitszimmer, ob etwas passiert, ob er einen Schwächeanfall erleidet, ohnmächtig wird oder Anzeichen von Übelkeit zeigt. Bei jedem Geräusch stürmt sie aus ihrem Zimmer, sieht nach, ob es Nestel ist, ob er im Flur steht, auf dem Balkon sitzt oder überhaupt irgendwo ist, wo sie sich gut hätte zu ihm gesellen können. Aber es ist nie Nestel, es ist nur der Wind, das Ächzen eines Schrankes, der wieder tropfende Wasserhahn. Nestel bewegt sich so leise in der Wohnung, so geschmeidig, dass sie es eigentlich nie hört. Abends sinkt sie erschöpft ins Bett, manchmal ohne zu duschen, ohne Zähne zu putzen, ohne ihre Jeans gegen ein Nachthemd zu tauschen. Sie ist zu erschöpft, zu müde vom Beobachten, so sehr damit beschäftigt, Nestels Verrücktheit zu katalogisieren, um sie zu bekämpfen, dass sie für sich selbst kaum Zeit aufbringt. Erst als Lore sagt, sie sähe die letzten Tage doch sehr ungepflegt aus und auch so müde, erst da bemerkt Cora, wie sehr sie ihr Leben auf die Beobachtung von Nestel fixiert. Das muss sich ändern. Nestel muss sich ändern!

Die Empfehlung

Natürlich ist es möglich zu lieben, ohne zu verstehen.

Schließlich beschließt Cora zum Arzt zu gehen. Nicht ihretwegen, nicht, weil sie ihre Schlafstörungen beklagen will, ihre Unruhe, sondern, weil sie über Nestel berichten will. Sie ist sich im Klaren darüber, dass er die Ursache aller Beschwerden ist, und sie nimmt sogar an, dass er selber leidet. Darüber gesprochen haben sie bisher nicht, aber es liegt auf der Hand.

Cora findet den Arzt bezaubernd. Im Gegensatz zu Nestel sieht er sie mit klaren Augen an, die aufmerksam und ruhig ihrem Gesicht begegnen.

„Ich verstehe einfach nicht was passiert. Ich verstehe meinen Freund nicht mehr!" Cora ist sehr aufgebracht, als sie das sagt, aber der Arzt bleibt ruhig. Er erklärt ihr, dass es seelische Krankheiten gibt, vorübergehende Ausnahmezustände, aber das nichts dagegen spricht, sie wieder zu heilen. Er fasst sich mit den Erklärungen kurz und sagt, wenn er Nestel diagnostizieren solle, müsse Nestel schon selber kommen. Das sieht Cora ein und deswegen sagt sie zu Nestel, er müsse mit ihr zum Arzt gehen. Darauf sieht er sie sehr erschreckt an, verwirrt, denn er hat nichts an sich bemerkt, worüber er mit einem Arzt sprechen sollte. Zumal er ohnehin nicht gerne redet, mit fremden Personen erst recht nicht. Daran hat sich nichts geändert. Cora spricht dafür im Moment sehr viel, sie hat die ewige Stille durchbrochen, sie redet schon morgens beim Aufstehen darüber, wie wichtig Ärzte sind, und sie hört nicht auf über dieses Thema zu philosophieren, solange Nestel in der Nähe ist – manchmal auch dann nicht, wenn sie mit ihren Freundinnen redet oder ihren Tanzschülerinnen, die alle der Ansicht sind, dass ein Mensch wie Nestel untersucht werden sollte. Schließlich ist Nestel einfach müde, er ist erschöpft von diesem permanenten Redefluss. So etwas hat ihn schon immer angestrengt, aber jetzt besonders, und die einzige Möglichkeit, die er sieht, um diesen Redestrom zu beenden, besteht darin, Cora zum Arzt zu begleiten. Also nickt er irgendwann, er bewegt nur leicht das Kinn zum Hals hin und wieder zurück, und dann ist es auf einmal wieder still. Cora sagt: „Na endlich", geht zum Telefon, und Nestel kann hören, wie sie einen Termin vereinbart. Drei Tage lang ist es nun wieder still in der Wohnung, stiller als je zuvor. Cora und Nestel gehen sich aus dem Weg, und am Donnerstag Nachmittag gehen sie zu dem Arzt. Sie müssen nicht lange warten, werden in ein kleines Sprechzimmer geführt, das keine Fenster hat. Cora sagt „Guten Tag, Herr Doktor, da sind wir also", und der Arzt erklärt einige Dinge, die er mit Cora schon beim letzten Mal besprochen hat. Nestel sitzt schweigend daneben. Es ist ihm nicht anzumerken, ob er wirklich zuhört oder in Gedanken ganz woanders ist. Er starrt auf den Fußboden, der in Quadrate ungleicher Größe unterteilt ist, mit hellgrau marmoriertem Muster, das in jedem Kästchen anders aussieht. Wie schmutziger Schnee. Dann bittet der Arzt Cora, das Zimmer zu verlassen, was sie eher widerwillig tut. Der Doktor führt daraufhin einige routinemäßige Untersuchungen mit Nestel durch, klopft ihm aufs Knie, sieht ihm in die Augen, auf die Zunge und stellt Nestel ein paar Fragen, die dieser so knapp wie möglich beantwortet. Als Cora das Sprechzimmer verlässt, hört sie noch, wie der Arzt fragt: „Also, wie würden sie denn ihr Problem beschreiben?" Daraufhin antwortet Nestel klar und deutlich: „Ich habe kein besonderes Problem. Die Welt ist nur einfach zu bunt."

Nach einer halben Stunde wird Cora wieder dazu geholt. An Nestel gerichtet sagt der Arzt: „Ich würde ihnen eigentlich eine Kur empfehlen. Einfach wegen der Ruhe. Aber ich könnte ihnen natürlich auch etwas zur Beruhigung aufschreiben."

„Nein danke", antwortet Nestel, ohne seinen Blick vom Schneemuster-Boden abzuwenden, und Cora zuckt zusammen, als hätte sie Nestels Stimme zum ersten Mal gehört. Nach dem Arztbesuch gehen Cora und Nestel schweigend nach Hause. Sie müssen zwei Stationen mit der Straßenbahn fahren und etwa zehn Minuten zu Fuß gehen. Sie tun das in stillem Einverständnis über den Weg, ansonsten herrscht wenig Einverständnis zwischen ihnen. Zu Hause setzt sich Nestel auf den Balkon und Cora in die Küche. Nestel hofft, dass Cora ihn jetzt in Ruhe lassen wird und notiert den Arztbesuch erleichtert in seinem grünen Notizkalender. Cora hofft, dass Nestel sich die Empfehlung des Arztes noch einmal durch den Kopf gehen lassen wird, was sie am nächsten Tag auch mit ihren Freundinnen bespricht.

Jule weiß nichts von dem Arztbesuch, aber sie macht sich ihre eigenen Gedanken zu den Veränderungen, die sie bei Nestel beobachtet hat. Nestel hat sein Verhalten nicht nur im Umgang mit Cora gewandelt. Es ist auch in der Redaktion zu bemerken, dass er nicht alles auf dieselbe Weise auffasst wie bisher. Es sind eher Kleinigkeiten, etwa, dass er der Sekretärin nicht wie üblich schriftlich ihre Aufgaben auf den Schreibtisch legt, sondern erst länger in seinem Schreibtisch suchen muss, als sie danach fragt. Oder dass er sein Original auf dem Kopierer vergisst, nachdem er es abgelichtet hat. Den meisten fallen diese Unachtsamkeiten nicht auf, vielleicht sind sie auch nur erleichtert zu bemerken, dass auch Nestel nicht immer gut in Form ist, wo er doch sonst nicht nur das Metronom von Frau Tördau, sondern auch der Redaktion ist. Seine Unkonzentriertheit macht ihn in den Augen der anderen zunächst einmal menschlicher. Wirklich störend empfindet es schon deshalb niemand, weil er ja ohnehin nur mit wenigen Kollegen in Kontakt kommt. Aber Jule bemerkt es. Ihr ist bald aufgefallen, dass Nestels Blick häufig noch schneller und weiter entgleitet, als sie das sonst von ihm kennt. Schon immer hat er sich viel in sein Zimmer zurückgezogen. Aber wenn es zu gemeinsamen Gesprächen kam, war er doch immer vollkommen konzentriert. Jetzt ist es dagegen eher, als wäre er niemals wirklich anwesend, als würde er sich in ein nicht erreichbares Inneres zurückziehen, während der Körper wie übrig geblieben im Alltag verharrt. Er huscht nicht mehr mit denselben ruhigen Bewegungen in sein Büro, sondern bewegt sich unsicher, fast verängstigt, so als wäre er auf der Hut vor einem schwerwiegenden Ereignis. Oder auch einfach so, als hätte er kein Vertrauen mehr, dass er die Kontrolle über seinen Körper besitzt. Jule hat plötzlich das Bild einer Ente vor Augen, die eines Morgens erwacht und nicht mehr schwimmen kann. Nestel erscheint ihr in ebenso elementarer Weise erschüttert zu sein. Natürlich spricht Jule das an, Jule ist niemand, der mit seinen Beobachtungen allein bleibt. Überraschend kommt sie am Vormittag zu Nestel ins Büro. Sie klopft, lauscht einen Moment, ob er sie herein ruft, tritt dann aber ein, ohne eine Antwort abzuwarten. Im Grunde antwortet Nestel nie, lässt jeden spüren, dass er überhaupt keinen Besuch will, aber wagt auch nicht, das ganz abzulehnen. Immerhin gibt es gewisse dienstliche Belange, die geklärt werden müssen. Jule ist nicht entgangen, dass Nestel in letzter Zeit noch weniger gesprächsbereit ist als sonst. Sie ist die Einzige in dem Verlag, die das interessiert, die sich darüber Gedanken macht. Deswegen ist sie jetzt auch zu Nestel gekommen. Sie hat das Gefühl, dass Nestel krank ist, obwohl er keinen Verband trägt und keine Schnupfennase hat. Es ist etwas, das weniger bekannt ist, da ist sich Jule sicher. Den Text, den sie in der Hand hält, streckt sie Nestel nur als Vorwand entgegen, obwohl sie weiß, dass er jeden Trick leicht durchschauen wird. Nestel ist feinfühlig und intelligent, so jemanden überlistet man nicht leicht. Aber vielleicht braucht Jule diesen Zettel auch nur, um sich selber Mut zu machen. Nachdem sie Nestel den Text gereicht hat, den er kommentarlos zur Seite legt, sprudelt sie los: „Hör mal, ich weiß da vielleicht einen Ort, wo du deine Bilder ausstellen könntest, es läuft dort regelmäßig eine Ausstellung und sie ist ausgesprochen gut besucht." Obwohl Nestel ernst bleibt, Jule wie gewöhnlich nicht ansieht, sondern statt dessen einen Papierstapel auf seinem Schreibtisch sortiert, ist zu erkennen, dass er ein gewisses Interesse an Jules Worten hat. Er will oder kann es nicht deutlich zeigen, schweigt weiterhin, aber macht eine Kopfbewegung, ein Nicken, ein leichtes Heben des Kinns, so dass sich seine Ohrmuschel in Jules Richtung neigt. Diese Bewegung deutet an, dass er Jule zuhört, dass er an weiteren Informationen womöglich interessiert ist. „Es ist nicht weit von hier, mit der Straßenbahn ganz gut zu erreichen." Jule verliert sich nun eine Weile in Ortsbeschreibungen, obwohl Nestels Interesse während dessen wieder sichtlich zurückgeht. Sie spricht über die Bahnstationen, den Fußweg, die Möglichkeit den Bus zu nehmen, sie verstrickt sich in Straßennamen und beobachtet dabei Nestels Gesicht, während kleine Schweißperlen unterhalb ihres Haaransatzes entstehen. Irgendwann, als Nestel seinen Papierstapel bereits das dritte Mal in die andere Richtung sortiert, fügt Jule ihren Ortsbeschreibungen, die sie stets sehr eindringlich und mit lauter Stimme gesprochen hat, noch einen leisen Satz hinzu: „Die Ausstellung ist in einem Krankenhaus, die hat den Titel: „Seelenstörungen ins Bild gesetzt." Nachdem sie das gesagt hat, senkt sie den Kopf, schiebt ihr Kinn fast bis auf die Brust, senkt die Augen, ist sichtlich bemüht nicht auf Nestel zu sehen, der bei ihren letzten Worten zusammen gezuckt ist, seinen Papierstapel losgelassen hat und nun statt dessen mit Mittel- und Zeigefinger der rechten Hand auf den Schreibtisch trommelt. Die Stimmung ist zum Zerreißen gespannt. Jule hat ein schlechtes Gewissen. Sie überlegt, dass es vielleicht doch besser gewesen wäre, Nestel direkt nach seinen Problemen zu fragen. Jule ärgert sich, weil sie so einen indirekten Weg gewählt hat, wie es eigentlich gar nicht ihre Art ist. Irgendwann sieht Jule auf, genau in dem Moment, als Nestel ihr das Gesicht zuwendet. Er starrt sie an, blickt Jule zwei, drei Minuten an, ohne dass irgendeine Emotion in seinem Gesicht auszumachen ist, erst dann verwandelt sich der Ausdruck seiner grauen Augen langsam. Sie bekommen etwas Trauriges, Enttäuschtes, einen Ausdruck schmerzlicher Erschütterung. Jule verharrt noch einen Moment in ihrer ängstlichen, nervösen Haltung, dann atmet sie tief durch und sagt mit klarer Stimme: „Nestel, du weißt, dass es mir egal ist, wie viel oder wenig verrückt du bist. Ich mag dich. Aber irgend etwas ist in letzter Zeit los mit dir ..." Jule macht eine Pause, sucht nach Worten. Schließlich fährt sie fort: „Das ist letztlich einfach eine Chance, deine Bilder auszustellen, aber auch mit anderen Leuten über deine Probleme zu reden. Es sind viele Ärzte dort, aber auch andere. Die Leute haben großes Interesse an psychischen Themen, ich habe es selbst gesehen. Die Vernissage letzte Woche hatte ein ähnliches Thema und über 60 Besucher. Das ganze soll den Dialog zwischen Ärzten, Patienten und Angehörigen fördern!" Jule redet sich allmählich erneut in Fahrt, gestikuliert dabei mit den Armen, erzählt von Menschen, die ein Interesse an Kunst hätten, die aus tief erschütterten Seelen käme, und dass sich schließlich niemand einer Therapie zu schämen brauche, in den USA gehöre das sowieso zum guten Ton. Gerade als Jule Luft holt, um einen neuen Wortschwall zu beginnen, dreht Nestel sein Gesicht zum Fenster und sagt klar und deutlich: „Jule, ich habe kein Interesse, mein Erleben mit anderen zu besprechen. Es ist gut, wenn Leute meine Bilder kaufen, weil ich zu Hause auch nur begrenzte Lagermöglichkeiten habe. Das ist alles. Ich glaube auch nicht, dass meine Bilder dadurch besser werden, dass ich mich als Kranker einordne." Nestel hebt seinen Kopf jetzt ein Stückchen an, so dass er fast ein bisschen hochmütig wirkt. Er sieht dabei aber immer noch aus dem Fenster, als er sagt: „Ich will Bilder malen. Ob mich jemand versteht, ist dabei unwichtig."

Jule ist klar, dass nach dieser, für Nestels Verhältnisse wirklich langen Stellungnahme, das Gespräch beendet ist. Auch jemand, der Nestel nicht so gut gekannt hätte, hätte an seiner Art zu sprechen, sich abzuwenden, sich wieder über seinen Schreibtisch zu beugen, erkannt, dass es hier nichts mehr zu diskutieren gibt, aber für Jule ist es besonders deutlich. Sie stößt die eingeatmete Luft wieder aus, ohne etwas dazu zu sagen, wendet sich zur Tür, schleicht fast hinaus, dreht sich noch einmal um, als sie die Klinke schon in der Hand hat: „Es tut mir leid", sagt sie und schließt die Tür von außen.

Als Nestel an diesem Tag nach Hause geht, fühlt er sich erschöpft, auf seltsame Weise zermürbt. Er überlegt, dass er sich wohler fühlen würde, wenn er jetzt nicht Cora treffen würde. Wenn sie nicht in derselben Wohnung leben würde wie er, wenn er sicher sein könnte, jetzt nach Hause zu kommen, ohne mit ihr oder irgendeinem Menschen zusammen zu treffen, so wie das viele Jahre lang auch gewesen war. Dann könnte er sich jetzt entspannen. Statt dessen fühlt er sich verkrampft. Dennoch verwirft er den Gedanken, sofort mit Cora über einen Auszug zu sprechen. Er denkt, dass er sich damit irgendwie zu viel in ihr Leben einmischt. Seit einem Jahr zahlen sie die Miete gemeinsam, also gehören ihnen auch diese 80qm gemeinsam. Nestel kann nicht mehr behaupten, dass es seine Wohnung ist. Andererseits findet er die Idee selber auszuziehen so erschreckend, dass er bei diesem Gedanken stolpert. Er wohnt seit elf Jahren in diesen Räumen, und selbst das derzeitige Unwohlsein kann Nestel nicht davon überzeugen, dass ein Umzug eine sinnvolle Lösung wäre. Aber falls sie genauso an dem Apartment hängt wie er, sieht Nestel kaum eine Chance, sie von etwas anderem zu überzeugen. Natürlich weiß Nestel nicht, ob Cora sich mit den Räumen nach diesem einen Jahr bereits so verbunden fühlt wie er, gefragt hat er sie noch nie. Nestel hat es immer gehasst, in das Leben anderer Leute einzugreifen, und er hat bei Cora bereits mehrere Ausnahmen gemacht. Er hat sie auf der Brücke von dem Sprung zurück gehalten und sie in der Telefonzelle vor dem

Überfall bewahrt. Aber letztlich sind ihm immer gewisse Zweifel geblieben, ob er damit wirklich richtig gehandelt hat, ob er damit nicht Entscheidungen durchkreuzt hat, die eigentlich nichts mit ihm zu tun hatten. Auf diese Weise hatte Cora plötzlich etwas mit ihm zu tun bekommen, sie hatten ihre Leben auf zärtliche, manchmal auch bizarre Weise miteinander verbunden. Manchmal fühlt es sich für Nestel an, als ob er permanent mit Cora noch an dieser Brücke stände, sie festhalten müsse vor einem Abgrund, der nicht wirklich zu sehen, aber doch zu spüren ist. Das erschöpft ihn. Er ist kein Mensch, der aus Beziehungen Kraft schöpft, mindestens nicht aus dieser Beziehung. Er überlegt sich, dass er Cora zukünftig ein bisschen mehr aus dem Weg gehen will. Nestel geht den ganzen Weg von seiner Arbeitsstelle zur Wohnung zu Fuß. Er nimmt heute nicht die Straßenbahn. Als er an der zweiten Station vorbei läuft, erwägt er, Cora doch vorzuschlagen, dass sie sich wieder eine eigene Wohnung nimmt. Vorschlagen kann er es ja. Nestel findet diesen Gedanken gut, aber er weiß nicht, ob er gleich in der Lage sein wird, diesen Vorschlag zu artikulieren. Jetzt im Moment, während er über die grauen Pflastersteine geht und den Geruch nach Staub einatmet, hält er es für machbar. Aber er weiß auch, dass es wieder ganz anders sein kann, sobald er die Wohnung betritt, sobald er spürt, dass sich Cora ganz andere Dinge aus seinem Mund zu hören wünscht. Es fällt Nestel schwer, sich gegen die Erwartung zu wehren, gegen die Hoffnung eines Menschen, der ihm nahe steht. Coras wilde Entschlossenheit, zu verstehen was er tut, macht ihn nervös. „Vielleicht kann man nur das lieben, was man versteht?", grübelt Nestel. Dann fällt sein Blick auf einen kräftigen Alleebaum, eine Kastanie, deren Äste weit über den Bürgersteig reichen. Oft hat er hier schon gestanden, das warme Gefühl in seinem Bauch gefühlt, wenn er dieses stattliche Lebewesen sah, das mit stoischer Ruhe das geschäftige Treiben um sich her tolerierte. Plötzlich lächelt Nestel und flüstert: „Natürlich kann man lieben, ohne zu verstehen." Er legt seine Hand einen Moment auf den breiten Stamm und sagt etwas lauter: „Ich habe doch gar keine Ahnung, was in dir vor geht, aber ohne Einschränkung: Ich liebe dich du schöne Kastanie!"

Eine grauhaarige Frau, die in diesem Moment vorbei kommt, blickt verwundert zu Nestel. Als er sie anlächelt, dreht sie den Kopf hastig zur Seite, eilt so schnell weiter, wie es ihre Krampfaderbeine erlauben. Nestel lässt den Stamm wieder los und geht die letzten Meter zu seiner Wohnung in etwas beschwingterem Schritt.

Als er die Wohnungstür aufschließt, hört er, dass Cora telefoniert. Zunächst bleibt er im Flur, geht dann nur bis in die Küche, nimmt sich ein Glas Wasser. Aber schon während er das Wasser einschenkt, fällt ihm, auf, mit welcher Erregung Cora spricht, wie hastig, geradeso, als hätte sie Angst unterbrochen zu werden. Vielleicht auch Angst, von Nestel bemerkt zu werden. Er ist heute zehn Minuten früher als sonst zu Hause, es ist wahrscheinlich, dass Cora noch nicht mit ihm gerechnet hat. Er geht zum Wohnzimmer, öffnet die

Tür, die nur angelehnt ist, sieht auf Coras Rücken, beobachtet, wie sie den Telefonhörer an ihr Ohr presst, wie sie mit bebender Ganzkörpergier auf die Stimme am anderen Ende lauscht. Nestel betrachtet sie und im selben Moment ist ihm klar, dass Cora mit dem Arzt spricht.

„Unter welchen Umständen können Sie denn eine Verfügung ausstellen? Er benimmt sich wirklich sehr seltsam und ist gar nicht krankheitseinsichtig", fragt sie, und sofort spürt Nestel, wie das Blut in seinem Kopf kocht. Cora will, dass er ins Krankenhaus geht. Nicht nur das: Sie ist bereit, ihre Idee mit Gewalt umzusetzen, wenn sie Unterstützung findet. Mit drei Schritten ist Nestel neben Cora, drückt auf die Gabel, schreit „Hey", packt Cora, greift sie mit beiden Händen an den Schultern, nahe am Hals, mit den Fingerspitzen ihr Dekolleté, ihre Halssehnen berührend. Sie reagiert erschrocken, wehrt Nestel mit der linken Hand ab, während sie den Telefonhörer mit der rechten gegen ihre Brust presst. Er spürt ihre Schultern, diese zarten, vertrauten Schultern, die jetzt so spannungsgeladen wie kleine Sprungfedern in seinen Handkuhlen vibrieren.

„Lass mich in Ruhe", faucht Cora mit schriller Stimme. Nestels Augen pressen sich zu Sehschlitzen zusammen, taxieren ihr Gesicht mit einer Kälte, die ihn selbst erschreckt, als er sie auf seiner Gesichtshaut spürt. Cora weint, zittert mit der gleichen Ängstlichkeit wie in jenem Moment, als Nestel sie nach dem Überfall in der Telefonzelle angetroffen hat. Damals, als er sie gerettet hat, weil er an den Sinn des Lebens glaubte.

Jetzt bedroht er sie, weil diese zierliche Person dabei ist, eben diesen Sinn zu zerstören. Sie lehnt seine Art zu sein nicht nur ab, sondern sie will ihn einsperren, ihn eines Besseren belehren. Vielleicht will sie in Wirklichkeit ihre eigene Hilflosigkeit wegsperren, dem unerträglichen Gefühl, Nestel nicht mehr erreichen zu können, eine Ursache verleihen. Wenn Nestel in einer Klinik ist, gibt es einen offensichtlichen Grund, wieso ihre Beziehung nicht mehr wie bisher funktioniert. Die Sprachlosigkeit hat einen Ausdruck gefunden. Selbst für Nestel hat der Gedanke für den Bruchteil einer Sekunde etwas Verlockendes. Aber zugleich ist es das Bedrohlichste, was ihm in seinem Leben je passiert ist. Die beiden stehen eine ganze Weile in dieser unglücklichen Position, in Abwehr ineinander verwickelt wie zwei Ringer. Dann lockert Nestel allmählich seinen Griff, sein Herzschlag wird wieder ruhiger. Eine ungewöhnliche Klarheit breitet sich in seinem Kopf aus. Er denkt plötzlich an Jule, an ihren zweideutigen Hinweis auf seine seelische Situation. Er weiß mit einem Mal, dass seine Freiheit auf einem schmalen Grat steht. Einen Schwächeren anzugreifen, aus welchem Grund auch immer, ist strafbar. Er ist Cora körperlich weit überlegen. Vor Gericht stehen seine Chancen schlecht.

„Ich möchte, dass du auszieht", sagt er schließlich betont ruhig.

„Du ziehst dich doch vollkommen zurück, so geht das doch nicht weiter! Das ist krank!" Coras Stimme springt zwischen dem Ausdruck verzweifelten

Schluchzens und aggressivem Vorwurf hin und her. „Wenn man in dieser Gesellschaft lebt, muss man sich auch an sie anpassen." Cora steht immer noch direkt neben dem Telefon, so als hoffe sie, nach wie vor würde von dort Unterstützung kommen.

„Ich denke, es kann jeder für sich entscheiden, wie er sein Leben einrichtet", sagt Nestel und wendet sich dabei schon wieder zur Tür, geht in die Küche, nimmt sein Wasserglas, leert es mit einem Zug. Cora ist hinter ihm her gegangen, steht jetzt in der Küchentür und schreit: „Ich soll also ausziehen, ja, ich soll dich in Ruhe lassen, damit nur um Himmelswillen nichts deinen geordneten Tagesablauf und deine Verrücktheit stört, ist es das, ja?" Coras Gesicht ist von Tränen und Wut gerötet. Nestel spielt nervös mit seinem Glas. „Ich soll also lieber heute als morgen ausziehen, willst du das wirklich?" Die Fragen schießen wie kleine Dolche aus Coras Mund, und es ist nicht ersichtlich, ob sie wirklich eine Antwort erwartet. Als ihr wütender Redeschwall einen Moment inne hält, sagt Nestel jedoch klar und deutlich: „Ja. Bitte." Nestel ist selbst verwundert, wie klar und deutlich er die zwei Worte ausspricht. Daraufhin dreht Cora sich auf dem Absatz herum und stürmt zum Schlafzimmer, wo man sie schluchzend in den Schränken wühlen hört.

Die Trennung

Die Musik, die in allen Dingen liegt, die Farben, die jedem Ton inne wohnen – vielleicht bin das ich.

Zwei Wochen nach Coras Auszug kommt Theo zu Besuch. Nestel ist unterdessen wieder ruhiger geworden, das Leben hat an Klarheit gewonnen, ist überschaubarer, einfacher geworden. Nestel freut sich auf seinen Freund. Solange Cora mit in der Wohnung lebte, hatten sich die Männer nur selten in der Küche zusammen gesetzt und immer nur dann, wenn Cora für ihre Tanzstunden außer Haus war. Dafür waren sie aber regelmäßig in der Stammkneipe gewesen. Theo und Nestel hatten sich also weiterhin regelmäßig getroffen. Daran hatten auch Coras Vorwürfe nichts geändert. Trotzdem war es jetzt anders.

Die beiden trinken Tee, wie immer, wenn sie in der Küche sitzen, und Theo fragt nicht einmal, wo Cora geblieben ist. Nestel erzählt es nach einer Weile von alleine.

„Cora ist ausgezogen."

„Ach so."

„Es ging so nicht mehr. Sie hat mir nachspioniert."

„Oh." Theo löst ein Stück Zucker in seinem Tee auf.

„Sie wollte mich zum Arzt schicken."

„Zu welchem Arzt?" Theo balanciert jetzt ein zweites Stück Zucker auf seinem Teelöffel. Es ist nicht genau zu erkennen, ob er es direkt in den Mund oder auch in die Tasse befördern will.

„Zum Nervenarzt."

„Ach so. Der Lamsö ist ganz nett, den kann ich empfehlen", sagt Theo und sieht von dem Zuckerstück zu Nestel auf, betrachtet beide mit dem gleichen hingebungsvollen, aber verständnislosen Blick. Selten zuvor ist Nestel so klar geworden, dass trotz aller Freundschaft in manchen Bereichen keine Verständigung mit Theo möglich ist. Theo hat noch nie eine Freundin gehabt und kann sich nicht vorstellen, was es bedeutet, zusammen in einer Wohnung zu leben, sich zu lieben und zu hassen zugleich.

Die Selbstverständlichkeit, mit der Theo von diesem Dr. Lamsö spricht, gibt Nestel aber auch einen neuen Impuls. Er bemerkt, dass er sich gekränkt gefühlt hatte, nicht nur weil Cora ihm einen Arztbesuch, sondern speziell den Besuch bei einem Neurologen und Psychiater angeraten hatte. Erst jetzt fällt Nestel auf, dass es für Theo zur Routine gehört, zum Nervenarzt zu gehen. Bis zum heutigen Tag sind weder Theo noch Nestel auf die Idee gekommen, dass diese Behandlung dort etwas wäre, was in irgendeiner Weise abwertend sei. Wenn der Bauch schmerzt, geht man zum Internisten, wenn es im Kopf rumort, eben zum Neurologen. Nestel sieht Theo eine ganze Weile nachdenklich an, und wahrscheinlich ist Theo der einzige Mensch, der das schweigend und aufmerksam hinnehmen kann, ohne nachzufragen, was Nestel jetzt durch den Kopf geht.

„Er wollte mir Medikamente verordnen", fügt Nestel etwas zusammenhanglos mit verärgerter Stimme hinzu.

„Etwas zur Beruhigung oder was?", fragt Theo, ohne dass er übermäßig interessiert wirkt.

„Was weiß denn ich!", braust Nestel auf. „Vielleicht sollten die Medikamente die Nerven beruhigen, aber vielleicht wären anschließend auch die Farben aus meinen Bildern verschwunden oder meine Telefonnummer hätte eine neue Melodie bekommen …"

„Eine neue Melodie?", wiederholt Theo.

„Ja, und dann hätte ich die Nummer vergessen, weil ich mir Zahlenkombinationen immer über ihre Melodie merke. Was für eine Verwirrung!" Nestel schüttelt erregt den Kopf, ohne dabei weiter auf seinen Freund zu achten.

„Für mich haben Zahlen gar keine Melodie", sagt Theo nach einer Weile intensiven Nachdenkens. Es ist nur einfach eine Feststellung, nicht einmal Verwunderung klingt aus Theos Stimme. Die beiden Männer schweigen jetzt wieder, hängen ihren Gedanken nach. *Vielleicht habe ich wirklich etwas in meinem Gehirn, was mich von anderen Menschen unterscheidet,* denkt Nestel plötzlich. *Die Musik, die in allen Dingen liegt, die Farben, die jedem Ton inne wohnen – vielleicht bin das ich.* Nestel möchte diese Sinnesempfindungen nicht missen, aber er muss zugeben, dass er dadurch auch leicht von Reizen überflutet werden kann. Wenn ein Regal bereits eine Melodie hat, gleicht ein Radio einem Presslufthammer. Das ist die andere Seite der Medaille. *Vielleicht ist es nicht nur*

Coras Art, vielleicht ist es auch meine Art, die alles so schwierig macht", überlegt Nestel weiter. Aber laut sagt er nur: „Ach, das verstehst du ja doch nicht." Nestel sagt das so plötzlich und unwirsch, dass Theo zusammenzuckt und das Stück Zucker neben seiner Tasse auf den Tisch fällt. Die anschließend einsetzenden Spasmen seiner Hand hindern ihn daran, den Zucker wieder aufzuheben. Hilflos kämpft er mit seiner eigenen Hand, aber statt sich auf die Finger, den Zucker, den Tisch zu konzentrieren, sieht er Nestel an, betrachtet ihn mit seinem samtäugigen Blick, freundlich, aber auch weiterhin verständnislos. Als Nestel den Zucker in Theos Tasse wirft, lächelt er erleichtert.

„Tschuldigung", sagt Nestel und fühlt sich auf einmal sehr allein.

Über dem Tanzstudio

Unglück schmiedet zusammen, heißt es. Aber in Wirklichkeit überdeckt es nur die Distanz mit seiner Dunkelheit.

Cora zieht in ein kleines Apartment über ihrem Tanzstudio. Das ist die erste Wohnung, die sie ganz allein bewohnt. Ein unbehagliches Gefühl, wie sie findet. Obwohl sie das Radio jetzt immer einschaltet, sobald sie aufwacht, erlebt sie die Räume oft von derselben erdrückenden Stille erfüllt, die sie in der Zeit mit Nestel empfand. Ihr Tanzunterricht, das wöchentliche Treffen mit den Freundinnen sind ihre Rettungsinseln. Dazwischen liegt ein Meer aus Lautlosigkeit, das ihr Leben verschluckt. Cora ist ein geselliger Mensch, das ist sie schon immer gewesen. Wenn sie sich erinnert, fallen ihr immer nur Szenen mit Freunden, mit der Familie ein. Sie sieht sich inmitten von Menschen, im Gespräch, geborgen.

Cora hat noch einen zwei Jahre älteren Bruder, und gemeinsam mit ihren Eltern waren sie eine kleine glückliche Familie. Dort war es so selbstverständlich, viele Dinge miteinander zu tun und vor allem über alles miteinander zu reden, so wie es selbstverständlich ist zu atmen. Das hatte Cora später auch mit ihren Freundinnen stets so gehalten, mit denen sie im Teenageralter die Nächte durchwachte, um alles Wichtige zu besprechen. Lore war eine Freundin, die sie noch aus diesen Teenagerzeiten kannte, die anderen waren später dazu gekommen. Sie standen Cora nicht ganz so nah, aber waren doch sehr wichtig für sie. Undenkbar eine Woche könnte vergehen, ohne dass sie mit drei oder vier von ihnen Kaffee getrunken, einen Stadtbummel gemacht oder wenigstens mit einzelnen telefoniert hatte.

Früher war der Sammelpunkt der Familie der Esstisch gewesen. Morgens, mittags und abends hatten sie sich dort getroffen, um zu essen und, spätestens wenn Coras Vater dann seine Pfeife heraus geholt hatte und die Mutter sagte „Ach, Egon, gut, dass du Pfeife rauchst, das vertreibt uns die Insekten", spätestens dann war noch Zeit alle wichtigen Themen zu besprechen, die die Familie angingen. Ob Cora tanzen lernen oder ihr Bruder eine Eisenbahn wollte, dort wurde das diskutiert, oft auch sehr lautstark, wenn die Eltern darüber anderer Ansicht waren als die Kinder. Manchmal waren sich auch die Eltern nicht einig, dann belustigten sich die Geschwister und versuchten einen Nutzen daraus zu schlagen. Da wurde auch mal gebrüllt, mit der Faust auf den Tisch geschlagen oder eine Tür geknallt, was zu Coras Spezialitäten gehörte, wenn sie sich enttäuscht fühlte. Aber doch war das Gespräch immer ehrlich, und falls es am Schluss keine Lösung gab, dann teilten sie dieses ungelöste eben immerhin zu viert. So war es bis kurz nach Coras dreizehntem Geburtstag. Dann trat etwas ein, das diese Ordnung bis ins Mark erschütterte. Coras Mutter hatte Krebs.

„Brustkrebs", sagte sie nach einer Mittagsmahlzeit. „Man kann das operieren." Dann wurde es sehr still und der Vater saugte sehr intensiv an seiner Pfeife, die er aber vergessen hatte anzuzünden. Coras Vater war Richter, und mittags hatte er meistens nicht sehr lange Zeit, er musste zurück zum nahe gelegenen Gericht. Aber in jener Mittagspause hatte er viel Zeit, er sah nicht auf die Uhr, er sagte nicht „Ich muss los." Cora hatte damals den Eindruck bekommen, dass plötzlich alles nur noch in Zeitlupe geschah. „Es ist nicht so schlimm", hatte Coras Mutter erklärt, und zum ersten Mal hatte sich Cora nicht gewagt zu widersprechen, weil sie auch nicht wollte, dass es schlimm war. Aber es fühlte sich schrecklich an. Bald danach kam die Mutter ins Krankenhaus. Sie blieb nicht lange dort, und als sie wieder entlassen wurde, wirkte sie unverändert munter. Die Hilfestellungen der Familie lehnte sie meistens ab, sie putzte die Fenster, kochte so lecker wie zuvor, und meistens sang sie jetzt auch noch dabei. Falsch, aber vergnügt. Sie hatte beide Brüste behalten, nur eine kleine Narbe war jetzt zu sehen. „Der Knoten ist noch sehr klein gewesen", hatte sie der Familie erklärt. „Wer so geliebt wird, ist vor wirklichen Gefahren geschützt", sagte sie einmal, und Cora war glücklich, weil es dann leicht war, den Gefahren der Welt zu trotzen, wenn man nur geliebt sein musste. Damals dachte sie, das wäre leicht. Die Liebe war einfach da, so wie die Welt da war. Cora dachte nie darüber nach.

Dann kam der Tag, als die Mutter zur routinemäßigen Nachuntersuchung ging. Sie war morgens um kurz vor neun los gegangen und wollte spätestens um zwölf wieder da sein, um das Mittagessen vorzubereiten. Stattdessen klingelte genau um elf Uhr das

Telefon. Cora konnte sich später noch exakt daran erinnern, wie das Telefon zweimal klingelte, während sie auf die braune Wohnzimmeruhr sah, deren Zeiger auf elf standen. Cora war allein zu Hause, da sie an diesem Tag erst nachmittags Unterricht hatte. Beim vierten Klingeln nahm sie den Hörer ab. Sie hatte schon ein ungutes Gefühl, ehe sich die Stimme am anderen Ende meldete. Eine fremde, tiefe Stimme, die irgendwie eisig klang. Im Hintergrund hörte man Straßenlärm. Jemand sagte einen Namen, nannte eine Polizeidienststelle, leierte irgendwelche Worte herunter, die Cora nicht richtig erfasste. Und dann, wie losgelöst von den bisherigen Worten, wie ausgeschnitten aus der Welt, plötzlich ganz klar und deutlich „Sind sie die Tochter? ... Ja, es tut mir leid, ihre Mutter ist eben bei einem Autounfall ums Leben gekommen ... können sie bitte ihren Vater alarmieren?"

Es war das erste Mal, dass Cora mit Sie angeredet wurde. Sie war kein Kind mehr, jetzt, in diesem Moment war sie erwachsen geworden. Alles drehte sich in Coras Kopf. Trotzdem handelte sie sehr bedacht, rief erst ihren Vater an, ehe sie sich hinsetzte und anfing, diese Nachricht wirklich wahr zu nehmen. „Wer so geliebt wird, ist vor Gefahren geschützt." Das war der erste klare Satz, der sich aus ihren wirren Gedanken formte. Hatte sie die Mutter nicht genug geliebt? Oder hatte es nicht gestimmt, was die Mutter gesagt hatte? Beides war in einer Weise schrecklich, die Cora in diesen ersten Minuten und auch lange danach elementar verunsicherte.

Erst viel später bemerkte Cora, dass sie an diesem Tag aufgehört hatten, eine kleine glückliche Familie zu sein. Es war etwas passiert, dass sich an keinem Mittagstisch besprechen ließ, dass durch kein Türenknallen wieder gut zu machen war. „Wir müssen jetzt gut zusammen halten", hatte der Vater gesagt, als er an diesem Tag nach Hause kam. Er sagte es immer wieder in den nächsten Wochen, wenn er zur Polizei hetzte, zum Beerdigungsinstitut, wenn er mit Verwandten telefonierte und endlose Papierberge sortierte. Aber sie hielten nicht zusammen, sie brachen von diesem Tag an jeden Moment ein bisschen mehr auseinander. Unglück schmiedet zusammen, heißt es. Aber in Wirklichkeit überdeckt es nur die Distanz mit seiner Dunkelheit.

Coras Bruder war ein Jahr nach dem Tod der Mutter als Austauschschüler in die USA gereist, und Cora hatte später das Gefühl, als wäre er von dort nicht mehr wirklich zurückgekommen, obwohl der Aufenthalt nur sechs Monate dauerte. Danach war er entweder in seinem Zimmer und hörte Musik, oder er war mit Freunden unterwegs, aber nie mit Cora, die eines Tages erschrocken feststellte, dass ihr Bruder einen Bart bekommen hatte, ohne dass sie dessen Wachstum bemerkt hatte. Cora hatte in dieser Zeit ihren Tanzunterricht intensiviert. Sie liebte das Tanzen, die Musik, aber vor allem den Traum, berühmt zu werden. Sie dachte, wenn sie eine großartige Tänzerin werden würde, konnte es nicht mehr passieren, dass sie sich so unsichtbar vorkam wie in manchen Momenten in dem heimatlichen Haus, wo sie weder von ihrem

Bruder noch von ihrem Vater wirklich beachtet wurde. Jeder war mit sich selbst beschäftigt. Es kam in dieser Zeit eine Frau zum Putzen, eine zum Wäsche bügeln und manchmal sogar eine Frau zum Kochen ins Haus, aber nie eine zum Reden. Jedenfalls hatte Cora nicht den Eindruck, dass man mit diesen Wesen in karierten Kittelschürzen reden konnte, während sie in Zwiesprache mit dem Kochtopf oder dem Schrubber waren. Es wäre ihr auch wie Verrat an ihrer Mutter vorgekommen, wenn sie mit diesen fremden Wesen einfach ebenso hätte reden können. Es war Cora zudem ein bisschen peinlich, dass es nun eine fremde Frau gab, die ihre Schmutzwäsche sortierte und ihre ersten Spitzen-BHs in den Händen hielt. Nachdem ihr Bruder mit 18 ausgezogen war, schlug Cora deshalb dem Vater vor, dass sie das bisschen Arbeit nun auch allein bewältigen konnte. „Wenn du meinst", sagte der Vater, und dann blieb als erstes die Wäschefrau weg, dann die Köchin. Nur die Putzfrau kam noch einmal in der Woche. Nun war es sehr still geworden in dem Haus. Es war die gleiche Art von Ruhe, die Cora später in Nestels Wohnung empfand. Eine Sprachlosigkeit, die wie eine zähe Wachsdecke über jedem Atemzug lag. Deswegen war Cora damals so froh über Udo gewesen, über sein Lärmen und Reden, das anfangs kaum zu bremsen war. Er hatte Cora im Supermarkt angesprochen, scherzend, plaudernd. Dann hatten sie noch vor dem Geschäft gestanden, er einen Kasten Bier an seinen muskulösen Armen hängend und Cora mit einer Tüte Äpfel und zwei Tafeln Schokolade in der Hand. Sie hatten geredet und gelacht. Cora kann sich noch heute genau an diesen Moment erinnern, an den Nieselregen, den grauen Asphalt, auf dem sie standen, und das unentwegte Lachen, das aus ihr herausbrach und das sie so lange vermisst hatte. Mit Udo konnte sie endlich wieder lachen. Sie verabredeten sich schon nach dieser ersten Begegnung für den Abend. Alles ging ganz leicht. Später besaß Udo einen kleinen grünen Fiat. „Fehler in allen Teilen – nur mein Fahrgast ist perfekt", scherzte er, wenn er Cora abholte und ihr galant die rostige Tür aufhielt. Das waren glückliche Tage gewesen, die so leicht und sorgenlos waren, als würden sie sich an die Zeiten der glücklichen Familie direkt anschließen. Udo arbeitete als Maler in einem kleinen Betrieb, Cora absolvierte ihre Tanzausbildung und abends lagen sie zusammen im Bett und wärmten sich, denn die Heizkosten wollten sie lieber sparen. Zu ihrem 25. Geburtstag schrieb Udo mit roter Farbe auf die Mauer von Coras Tanzschule „Herzlichen Glückwunsch", und obwohl Cora damals schon ein bisschen erschrocken war, als Udo deshalb zur Polizei und außerdem eine Strafe zahlen musste, freute sie sich trotzdem. Erst viel später, als Udos Grenzüberschreitungen schon zur Tagesordnung gehörten, bemerkte Cora, dass er sich einfach sehr wenig um gesellschaftliche Regeln kümmerte. Trotzdem wäre das wahrscheinlich nie zum Problem geworden, wenn er nicht seine Arbeit verloren hätte.

„Cora, der Haschke hat rationalisiert." Mit diesem Satz stand Udo eines Tages in der Wohnungstür und sah dabei im Gesicht sehr gelb aus. „Das ist nicht gerecht, dass er mich wegrationalisiert hat." Manchmal war es Cora später so vorgekommen, als ob das der letzte Satz gewesen wäre, den Udo wirklich zu ihr gesprochen hatte. Obwohl er sogar kurz darauf erneut eine befristete Stelle fand, blieb sein Gesicht gelblich, und er fing an, ein Bier am Abend wichtiger zu finden als ein Gespräch mit Cora. Da war sie wieder, diese Stille, der Cora entronnen zu sein glaubte. Trotz Udos Wutausbrüchen, trotz seiner lautstarken Unterbrechungen, wenn Cora mit ihren Freundinnen zusammen saß, trotzdem war es wieder auf die vertraute und gehasste Weise still. So sehr, dass Cora annahm, der Tod könne nicht viel anders sein. In diese Zeit fiel auch Coras Fußverletzung. Je weniger schön es mit Udo war, desto mehr tanzte sie, bis ihr linker Fuß sich entzündete und dann eines Tages umknickte. Mitten im Tanz schnappte das Gelenk so plötzlich zur Seite, als wäre keine einzige Sehne, kein Muskelband oder irgendetwas vorhanden, das ihn aufrecht halten könnte. „Das heilt schon wieder", meinte der Arzt zunächst. „Aber bitte schonen sie sich." Und dann sagte er irgendwann: „Also so wie früher wird das überhaupt nicht mehr. Wenn sie überhaupt noch tanzen wollen, müssen sie ihr Training reduzieren." Das war der Moment, wo Cora klar wurde, dass sie keine große Tänzerin, sondern nur eine kleine Tanzlehrerin werden würde, wenn überhaupt. Sie schonte ihren Fuß und vermisste jede Minute, die sie weniger beim Training verbrachte, denn nur dort spielte die Musik, ansonsten war es still.

Jetzt ist es auch wieder so, so still. Das kleine Apartment hat seine beiden Fenster zu einer Sackgasse hin, von der aus selten mal ein Auto zu vernehmen ist. Ansonsten hört man das Ticken der kleinen, grünen Küchenuhr, das Rauschen, wenn die Nachbarin die Toilettenspülung betätigt. Mehr nicht. Cora weiß, dass sie das nicht lange ertragen kann. Sie weiß das schon, als sie ihren kleinen schwarzen Koffer das erste Mal neben den eingebauten Wandschrank stellt. Sie fragt sich, ob sie überhaupt auspacken soll. Aber sie weiß nicht, wohin sie sonst gehen soll. Immer wieder fragt sie sich, ob sie nicht zu Nestel zurückgehen soll. Ob vielleicht irgendwann der Zeitpunkt sein wird, wo er es zulässt und sie so glücklich sind wie damals an der Ostsee. Eines Abends, als Cora gerade wieder darüber nachdenkt, wie sie zu Nestel Kontakt aufnehmen könnte und ob das Sinn hätte, da klingelt es. Cora erschrickt, horcht zur Tür, da klingelt es schon ein zweites Mal. Es ist abends, kurz nach 20 Uhr. Eine Zeit, zu der kein Postbote oder Zeitungszusteller klingelt. Privaten Besuch erwartet Cora nicht. Sie wirft einen kurzen Blick in den Flurspiegel und öffnet dann die Tür eher schwungvoll als zögerlich. Es ist die rothaarige Katja aus ihrem Tanzunterricht. Allerdings hat sie heute grüne Haare, die Locken sind verschwunden, bis auf eine lange Strähne im Nacken hat sie alle Haare kurz rasiert. Ansonsten sieht sie in Jeans und T-Shirt nicht besonders auffallend aus.

„Nanu", sagt Cora zur Begrüßung. Es hat noch nie eine Tanzschülerin bei ihr privat geklingelt. Die meisten kennen ihre aktuelle Adresse gar nicht, schließlich gab es keinen Grund, den Schülern von den Veränderungen ihrer Lebensverhältnisse zu erzählen.

„Stör' ich?", fragt Katja schüchtern und errötet dabei leicht.

„Ich bin nur überrascht. Komm rein", antwortet Cora mit ihrer burschikosen Tanzlehrerinnen-Stimme. Sie fühlt sich verunsichert von dieser Begegnung. Schülerinnen im Tanzraum sind etwas anderes als in der eigenen Wohnung. Während des Unterrichts ist Cora diejenige, die den Ton angibt, die Wissen vermittelt, die Autorität hat. Jetzt ist das anders. Es geht nicht um eine bestimmte Schrittfolge, das ist vom ersten Moment an klar. Cora weiß nicht, worum es geht, warum Katja hier ist, und das verwirrt sie. Irgendwie freut es sie aber auch. Es erstaunt sie, dass sie über den Unterricht hinaus eine Bedeutung für die Schülerin hat. Das ist schön. Außerdem ist es jetzt nicht mehr so still. Obwohl Katja noch gar nichts weiter gesagt hat, jetzt erst einmal schüchtern die Wohnung betritt, sich nach allen Seiten umsieht, während sie in die Küche gehen, trotzdem ist diese lähmende Stille von dem Moment an verschwunden, in dem Katja geklingelt hat. Auch das gibt Cora ein gutes Gefühl. „Willst du was trinken? Ich habe Apfelsaft oder Orangensaft da."

„Apfelsaft, gerne", nickt Katja, setzt sich an den kleinen ovalen Küchentisch und beobachtet Cora, wie sie zwei Gläser mit Saft füllt und auf den Tisch stellt.

„Woher weißt du eigentlich, dass ich hier wohne?"
„Steht doch seit zwei Wochen am Klingelschild."

„So, na du beobachtest das ja sehr genau!" Cora muss lachen und sie fühlt sich ein bisschen wichtig.

„Ja, na ja, es ist mir eher so durch Zufall aufgefallen und dann dachte ich, das ist die Lösung." Katja nippt an ihrem Saftglas und sieht jetzt sehr kindlich und zart aus, die grünen Haare wirken wie eine seltsame Verkleidung.

„Die Lösung für was?" Cora kann sich noch gar nicht denken, um was es eigentlich geht, und ist jetzt doch betroffen, als Katja anfängt zu weinen.

„Ach, es ist irgendwie so eine Scheiße bei uns zu Hause. Meine Mutter hat Krebs und jetzt muss sie ins Krankenhaus und mein Vater ist so komisch und wahrscheinlich bin ich sowieso schuld." Die Worte brechen in einem ganzen Schwall heraus, dann hört man wieder nur das Schluchzen.

„Verdammt", sagt Cora, mehr sagt sie erst einmal nicht, aber ihr Herz klopft heftig, und es entstehen wieder die kleinen roten Flecken an ihren Wangen und am Dekolleté, die ihre Aufregung entlarven. Das kommt ihr alles so bekannt vor. Der ganze Film ihrer Kindheit läuft vor ihrem inneren Auge ab, alle diese Momente, die ihre kleine glückliche Familie damals so nach und nach unterhöhlt hatten. Dann lächelt Cora plötzlich, es ist ein vorsichtiges, weiches Lächeln. Gleichzeitig greift sie mit ihrer rechten nach Katjas linker Hand. „Es war wirklich eine gute Idee, bei mir vorbei zu schauen", sagt sie zu Katja gewandt. „Ich war als Kind in einer ganz ähnlichen Situation, und ich habe niemanden gefunden, um darüber zu sprechen.

Das war sehr schlimm." Cora seufzt, und zum ersten Mal in all den Jahren empfindet sie Mitleid für sich selbst, Trauer darüber, dass es so war, wie es war. Es ist ein tiefer, dumpfer Schmerz in ihrem Brustkorb. Aber die Traurigkeit lässt sich im Moment gut aushalten, weil gleichzeitig eine sanfte Freude zu spüren ist: Das Glück, für jemanden da zu sein.

„In einer ähnlichen Situation?", echot Katja. „War ihre Mutter auch krank?"

„Ja, auch Krebs." Trotz dieser traurigen Mitteilung lächeln jetzt alle beide, die junge und die ältere Frau. Es ist ein Lächeln der Verbundenheit.

„Aber meine Mutter war nach der Operation vollkommen gesund."

Katjas Augen leuchten bei dieser Nachricht. Dann bricht der nächste Wortschwall aus ihr heraus.

„Ach, es ist echt so furchtbar, weil ich so viel mit meiner Mutter gestritten habe. Sie will mir immer so viel verbieten, das ist der Horror! Und jetzt, wo sie so krank ist, da denke ich, wahrscheinlich habe ich mit meiner ganzen Wut dazu beigetragen ...!"

„Quatsch!" Cora unterbricht Katjas Redeschwall vehement und drückt die zarte Mädchenhand fest.

„Pass auf, ich werde dir mal erzählen, wie es bei mir war. Willst du das wissen?"

„Ja klar." Katja ist ganz Ohr, saugt jedes Wort auf wie ein Schwamm, und Cora redet und redet. Sie erzählt von ihrer Mutter, der Krankheit, dem Unfall, dem Leben mit Bruder und Vater und dem Schweigen, das schließlich alles verschluckt hat.

„Liebe macht die Welt nicht zum Paradies und alle Menschen gesund, stark und glücklich", sagt Cora zum Schluss. „Aber trotzdem ist sie so unbeschreiblich wichtig." Cora lächelt jetzt über ihre eigene Erkenntnis. Sie hat schon so oft über das Thema Liebe nachgedacht, aber selten hat sie dabei so eine Klarheit verspürt wie in diesem Moment.

„Sie meinen, wenn ich mich immer besser benommen hätte, wäre meine Mutter genauso krank geworden?"

„Natürlich, das hat überhaupt nichts miteinander zu tun. Es ist doch ein gutes Zeichen, dass du versuchst deine Wünsche durchzusetzen."

„Echt?" Katja strahlt jetzt von einer Wange zur anderen. „Ich find` das Wahnsinn, was sie schon so mitgemacht haben. Aber offensichtlich kann man trotzdem leben."

„Ja, sicher", antwortet Cora etwas zu schnell. In Gedanken sieht sie sich einen kurzen Moment an der Brücke stehen.

„Und warum haben Sie sich jetzt von Ihrem Freund getrennt, oder wieso sind sie hier in die Wohnung eingezogen?", fragt Kaja neugierig weiter. Aber im selben Moment spürt sie, dass diese Frage bei Cora nicht auf Gegenliebe stößt, Coras Gesicht verfinstert sich und sie zieht die Hand wieder zurück.

„Über mein aktuelles Leben wollte ich jetzt nicht mit dir reden, ich denke du hast mit deinem genug zu tun."

„Ja, ok, ich wollte Ihnen auch nicht weiter auf die Nerven gehen."

„Du gehst mir nicht auf die Nerven." Trotzdem steht Katja jetzt auf, stellt ihr Glas in das Spülbecken und verabschiedet sich.

„Es war echt super, dass Sie Zeit für mich hatten."

„Du darfst gerne mal wieder kommen."

„Tschau."

„Tschüß."

Nachdem Katja gegangen ist, kommt die Stille wieder. Cora empfindet sie jetzt fast noch heftiger als zuvor. Sie fühlt sich verausgabt, müde.

„Und – freust du dich, dass du der kleinen Katja helfen kannst?", fragt Cora ihr Spiegelbild. Sie beobachtet ihr Nicken, das aber nur schwach ausfällt. „Ja, ich habe mich gefreut, dass mir jemand so aufmerksam zugehört hat." Coras Nicken wird jetzt etwas heftiger. „Aber es ist zu wenig, es ist viel zu wenig." Sie seufzt. „Und eigentlich möchte ich mit Nestel reden und nicht mit Katja." Die letzten Worte spricht Cora dann schon zur Wand gerichtet, nicht mehr zum Spiegel, der sie irgendwie wütend macht. „Es ist nicht gerecht", murmelt sie als letztes. Dann geht sie ins Badezimmer, um sich die Zähne zu putzen.

Die Fotografie

Was man verschweigt, wird nicht unsichtbar.

Cora hat bei ihrem Einzug in Nestels Wohnung eine Kommode mitgebracht, einen Schreibtisch und ein paar schmale Korbstühle. Außer ihren persönlichen Utensilien ist es also nicht viel Mobiliar, das jetzt aus der Wohnung verschwunden ist. Trotzdem ist Nestel bestimmt ein Jahr lang damit beschäftigt, die Wohnung wieder für sich allein einzurichten. Er tut es in Etappen, vor allem am Samstag und Sonntag, beginnt das Wochenende stets mit einem kleinen Rundgang durch die Wohnung, als wolle er sich noch einmal darüber klar werden, wie sie aussieht, was noch zu verändern ist. Nach dem Frühstück beginnt er dann zu räumen, findet immer wieder Dinge in Schubladen, die er dann doch nicht sortieren will, die irgendetwas in ihm auslösen, was er nicht bemerken möchte. Dann hört er wieder auf zu sortieren, wendet sich ab, sucht sich eine andere Beschäftigung, wartet vor allem, dass es Abend wird, Zeit für seinen Spaziergang.

Eine Veränderung, die er besonders lange bedenkt, betrifft das Bild über dem Klavier. Es hat dort gehangen, ehe Cora eingezogen war, und es war die ganze Zeit über unverändert auf seinem Platz geblieben. Der kleine Nestel hat stets über die Ereignisse der Wohnung hinweg geblickt und oft genug hat sich Nestels Erwachsenen-Blick in seinem Kindergesicht verfangen. Aber jetzt scheint es Nestel, als ob die Zeit abgelaufen wäre, die Zeit, die diesem Kindergesicht, das mit so verstörender Ernsthaftigkeit in die Ferne blickt, einen besonderen Platz zuweist. Nestel nimmt die Fotografie spontan ab, ohne lange darüber nachzusinnen, einfach als Teil seiner Aufräumaktion. Aber als er das Bild in den Händen hält und den hellen Fleck auf der Tapete registriert, wird ihm bewusst, wie lange der Rahmen dort seinen festen Platz gehabt hatte. Nestel, mit seiner tiefliegenden Abneigung gegen Veränderungen, ist in diesem Moment erschüttert, wie leichtfertig, fast unbedacht er begonnen hat, so einen jahrelangen Bestandteil seines Lebens zu verrücken. Hastig schiebt er daraufhin die kleine goldene Öse, die am Rahmen befestigt ist, wieder über den dunklen Nagel. Nestel versucht, die Fotografie wieder genau mit dem hellen Tapetenfleck zur Deckung zu bringen, was ihm zu seiner Bestürzung nicht vollständig gelingt. Dann setzt er sich davor und denkt nach. Über dieses Bild, diesen kleinen Jungen und den Tag, an dem die Fotografie entstand. Er kann sich tatsächlich noch daran erinnern, ganz deutlich, ungeachtet dessen, dass sich die Tage davor und danach aus Nestels Kopf gestohlen haben. Ohne eine nennenswerte Spur darin zu hinterlassen, ist jener Zeitraum, in dem die Fotografie entstanden ist, gleichsam in sein Gehirn eintätowiert.

Es ist kurz vor seinem sechsten Geburtstag gewesen, auf den er sich sehr gefreut hatte, weil damit auch die Einschulung anstand. Nestel konnte zu diesem Zeitpunkt schon ein wenig lesen, obwohl ihn seine

Eltern nicht dazu ermutigt oder sich viel Zeit genommen hatten, es ihm zu klären. Dennoch war es ihm mit einiger Mühe und viel Freude gelungen, Worte zu entschlüsseln. „Schlussverkauf" war das erste Wort, das er kannte. Seine Mutter hatte es begeistert erwähnt und ihn in alle Geschäfte geschleppt, die dieses Schild aufwiesen. Während seine Mutter in diversen Umkleidekabinen verschwunden war, hatte der kleine Nestel die Verkäuferin genötigt, ihm die Buchstaben zu benennen. Am liebsten mochte er das S, das so herrlich oft in dem Wort vorkam. So wie es einen freut, wenn man eine Melodie wieder erkennt, die man schon einmal gehört hat, so freute sich Nestel über das wiederkehrende S im Schlussverkauf. Aber auch die anderen Buchstaben hatte er sich behalten und dann hatte er in dem großen Lexikon, das bei ihnen damals zu Hause im Regal stand, alles nachgeschlagen, was er unter diesen Buchstaben finden konnte.

Speiseröhre, Suezkanal, solidarisch.

Citrus, China, Chor.

Hacke, Hofgarten, Heiterkeit.

Das alles war jedoch ein mühsames Unterfangen, und er erhoffte sich von der Schule, dass seinem Wissensdurst der Weg geebnet werden würde. Vielleicht enthält auch seine heutige Arbeit als Redakteur noch den Versuch, sich der Buchstaben zu bemächtigen. Schließlich wohnt im Herz jedes Menschen noch eine Kinderseele und jedes inbrünstige Tun ist eine Antwort auf deren Fragen. Aber damals, als Nestel gerade lesen lernte, trat etwas ein, was seinen Lerneifer noch weit mehr unterstützte und womit er gar nicht gerechnet hatte: Der Bruder seiner Mutter, Onkel Hajo, zog mit in ihre kleine Wohnung, und Hajo hatte Zeit. Er wusste, dass man Papperlapapp mit fünf P schreibt und dass Posemuckel ein Ort ist und kein Kaninchen. Hajo kannte alle Tricks, die Buchstaben ihre Probleme nehmen, ohne ihren Zauber zu zerstören. Zum Beispiel sagte er, dass das P seinen Bauch natürlich nach vorne haben musste, so wie ein Papagei immer nach vorne sehen muss, um nicht irgendwo dagegen zu fliegen, das würde ihm das Genick brechen. So etwas war für Nestel in einem Maße einleuchtend, dass er im ersten Schuljahr nur noch ein verwundertes Lächeln für die Kinder übrig hatte, die dem P seinen kleinen Bauch als Rucksack auf den Rücken banden „Damit brichst du dem Papagei das Genick", erklärte er ernst. Aber seltsamerweise verstand das niemand. Der Einzug von Hajo bedeutete also für Nestel durchaus ein kleines Glück. Seine Eltern hatten beide gearbeitet, solange er sich erinnern konnte, hatten ihn deshalb schon im Kindergartenalter daran gewöhnt, mit dem Schlüssel die Wohnung zu betreten und sich allein zu beschäftigen. Nestel nahm das widerspruchslos hin, ohne es wirklich gut zu finden. Nachdem Hajo aufgetaucht war, musste er endlich nicht mehr so viel allein sein, wenngleich die Mutter dazu nur gesagt hatte, dass man in unglücklichen Umständen zusammenhalten musste. Nestel konnte nicht verstehen, was an diesen Umständen unglücklich war, denn er hatte endlich jemand gefunden, der seine Fragen beantwortete und nicht immer als erstes sagte „Ich bin müde". Hajo las nicht nur Bücher mit Nestel, er ging auch mit ihm in den Wald, er erklärte ihm, dass der Specht lacht und der Eichelhäher ein Zirbelratscher ist. Er konnte riechen, wenn es Pilze gab, und wusste, wo die schönsten Himbeeren wuchsen. Es war also immer ein großes Vergnügen für Nestel, mit Hajo in den Wald zu gehen, und so hatte er sich auch über Hajos Aufforderung zu einem Spaziergang gefreut, zwei Tage bevor diese Fotografie entstanden war. „Nimm dir noch eine Jacke mit, heute haben wir etwas Besonderes vor, es wird länger dauern", hatte der Onkel noch gesagt und Nestel hatte pflichtbewusst seinen Anorak geholt, obwohl er den nicht besonders mochte. Es war Anfang des Sommers gewesen, die Himbeeren waren noch nicht reif, aber dafür ein paar Walderdbeeren, und die lärmenden Meisenjungen hatten an der bekannten Baumhöhle gefehlt, weil sie schon flügge waren. „Heute wirst du auch erwachsen", hatte Hajo gesagt und Nestels Hand gedrückt und Nestel hatte sich ein bisschen gewundert, wieso das so schnell gehen konnte, dass man einfach an einem Nachmittag erwachsen wurde. Sie waren dann zu der Lichtung gegangen, die sie schon ein paar Mal besucht hatten, um Rehe zu belauschen, aber diesmal schien Hajo nicht auf der Pirsch zu sein. Er überlegte eine Weile, ließ den Blick kreisen, wählte dann einen umgebrochenen Baumstamm am Rand der Wiese aus und bedeutete Nestel, sich zu setzen. Hajo war sehr besorgt, dass Nestel gut saß, schlug vor, noch einen anderen Platz auszuprobieren, aber dann kamen sie doch wieder zu dem Baumstamm zurück, und obwohl Hajo Nestel immer wieder fragte, ob es so bequem für ihn wäre, ob er so auch eine Weile sitzen könnte, hatte Nestel gar nicht wirklich das Gefühl, dass es um ihn ging oder um seine Wünsche, denn eigentlich war er schon müde und wusste auch gar nicht, in welcher Weise es denn nun günstig zu sitzen war, weil er auch nicht wusste, was auf ihn zukam. Aber er wagte damals nicht zu fragen, irgendetwas an Hajos Art, an seinem geschäftigen Hantieren, an seiner Art zu schauen, sagte Nestel, dass es jetzt nicht an der Zeit war Fragen zu stellen. Schließlich saßen sie beide rittlings auf diesem Baumstamm, einander zugewandt und nur gerade ein Moospolster Platz zwischen ihnen. Dann holte Hajo aus seiner kleinen olivgrünen Umhängetasche mehrere Scherben heraus. Es waren die Stücke einer Mineralwasserflasche, die jetzt im Abendlicht glänzten. Hajo hob sie alle einzeln hoch, sah durch das Glas ins Licht, prüfte vorsichtig mit einer Fingerkuppe die Kanten, verglich kleinere und größere und wählte schließlich eine mittelgroße, sehr spitze Scherbe aus. Dann krempelte er sehr langsam, aber doch ohne jedes Zögern, den linken Ärmel seines Hemdes bis zum Ellenbogen hoch, nahm die Glasscherbe in die rechte, setzte sie, mit der Spitze voraus, etwa in der Ellenbogenbeuge an und fuhr dann den Unterarm entlang, gerade fest genug, dass eine rote Blutspur der Scherbenspitze folgte und die Haut an ihrer Oberfläche auseinander sprang wie dünnes Geschenkpapier. Nestel saß erschrocken da, genau gegenüber, griff erst spontan nach Hajos Hand, rief „Nein", aber wurde mit so einem strengen Blick zurückgewiesen, dass ihm noch heute bei der Erinnerung schauderte. „Siehst du", sagte Hajo. „Wenn man ein starker Mann ist, kennt man keinen Schmerz." Er lächelte dazu und betrachtete das kleine blutige Rinnsal auf seinem Arm. Nestel hatte sich verunsichert gefühlt, er kannte das Gefühl, wenn er seine Knie aufgeschlagen hatte, und er hatte das immer sehr schmerzhaft gefunden. Dann wischte Hajo mit der Fingerkuppe seines rechten Zeigefingers durch das Blut und legte den Finger anschließend auf Nestels Lippen. Es roch feucht, modrig, ein bisschen auch nach Schweiß, während Hajo sagte: „Das ist ein Geheimnis, das darfst du niemandem erzählen, sonst fallen dir die Arme ab und du musst sterben." Was es bedeutete zu sterben, war Nestel damals nicht wirklich klar, aber seine Arme zu verlieren, erschien ihm schon schrecklich genug, denn er konnte sich nicht vorstellen, wie man ohne Arme auf Bäume klettern und Bilder malen konnte. Deswegen nickte er sofort gehorsam, als Hajo mit ungewohnt heiserer Stimme sagte: „Versprochen?!" Dann hatte Hajo das Blut wieder abgewischt, wieder und wieder, weil immer ein neues Rinnsal über den Arm lief, aber allmählich verebbte das Blut, es war nur ein schmaler Riss in der Haut, der sich nun mit einer dunklen Kruste belegte. Als das Blut vollständig getrocknet war, war es bereits empfindlich kühl geworden, zumindest fror Nestel auf dem feuchten Baumstamm. Die Sonne war noch nicht untergegangen, reichte aber nicht mehr in den Wald hinein, und die Bäume hauchten kühl ihre beginnende Nachtruhe über die beiden jungen Freunde. Trotz der kühlen Abendstimmung zog Hajo noch sein Hemd aus der Hose und entblößte seinen Bauch. Es war das erste Mal, dass Nestel Hajos Bauch zu sehen bekam, denn bis dahin hatte er immer, selbst wenn es sehr heiß war oder er ins Badezimmer ging, mindestens ein T-Shirt getragen. Die Haut dort war sehr weiß, so als ob niemals Licht dort hin käme. Mehrere dicke Narben mit wulstigen Rändern zogen sich über die helle Haut, die dadurch seltsam unwirklich aussah, fast wie seidener Stoff, der etwas ungeschickt zusammengesteckt war. Hajo beobachtete Nestels Gesicht genau, als er seine Narben entblößte, er lächelte dabei wie jemand, der triumphierend eine Nachricht überbringt, jemand, der etwas mitteilt und beweist, dass ihm bis dahin nicht geglaubt wurde. Aber Hajo erklärte nichts weiter dazu, er sagte nur: „Siehst du, das habe ich alles schon ausgehalten." Dann steckte er das Hemd wieder in die Hose und krempelte seinen Hemdsärmel wieder nach unten. Sie standen anschließend von dem Baumstamm auf und Hajo verpackte seine Scherbensammlung fein säuberlich in seinem Rucksack. „Weißt du, wenn man es selber macht, kommt man den anderen zuvor." Hajo sagte das eher zu dem Baumstamm als zu Nestel, er lächelte, während er sprach, es war fast ein Grinsen. „Weißt du, man wird im Leben immerzu verletzt und die meisten Menschen sind vollkommen hilflos den Verletzungen und dem Tod ausgeliefert. Ich nicht. Ich entscheide alles selber." Dann streckte Hajo die Hand nach Nestel aus und der nahm sie auch, obwohl er sich dabei unsicher fühlte. Zum ersten Mal ging er mit Hajo nicht deshalb Hand in Hand, weil er sich dabei sicher und geborgen fühlte, sondern weil er einfach Angst hatte, etwas anderes zu tun als Hajo vorschlug. Schließlich war Hajo stark und mächtig, diese Lektion hatte Nestel sehr wohl verstanden.

So machten sie sich auf den Heimweg, schweigend, denn anders als bisher fand Nestel keinen Mut zu fragen. Es gab Dinge, über die man schweigen musste, auch das hatte er nun gelernt und das war auch auf dem Foto zu sehen, das zwei Tage nach dieser Begegnung entstanden war. Hajo hatte ihn fotografiert, hatte Späße gemacht wie immer und gesagt, dass Nestel lächeln sollte, aber Nestel hatte sich nur ständig bemüht an Hajo vorbei zu sehen, an der Kamera, diesem riesigen Auge, das ihn plötzlich bedrohlich anzustarren schien.

Nestel konnte sich heute noch genau daran erinnern, wie er damals gedacht hatte, dass dieser Fotoapparat, dieses verlängerte Auge von Hajo, vielleicht plötzlich etwas an ihm entdecken könnte, etwas das aufgeschnitten werden müsste. Und er hatte gedacht, dass es das beste wäre, an diesem Auge vorbei zu sehen, denn wenn er es nicht ansah, hoffte er, ebenfalls nicht gesehen zu werden.

Jetzt, als Nestel auf seinem kleinen Holzhocker vor dieser alten Fotografie sitzt und sich erinnert, wird ihm bewusst, dass ihn dieser Gedanke genauso kontinuierlich begleitet hat wie das Foto. Gesehen werden bedeutet Gefahr. Eine Seele, die entdeckt wird, kann auch verwundet werden.

Während Nestel noch die Fotografie anstarrt, tauchen darin Coras Augen auf, ihre glühenden Eisenaugen, ihre sanft geschwungenen Lippen. Dann sieht er wieder Hajo vor sich, so versunken in die Aufgabe seine Haut zu ritzen. Plötzlich muss Nestel weinen, erst sind es nur vereinzelte Tränen, aber dann ein heftiges Schluchzen. Mit einem Mal wird ihm klar, wie unglücklich Hajo damals gewesen sein musste. Nestel hat nie erfahren, welche Umstände dazu geführt hatten, dass Hajo bei ihnen lebte und wieso er nie zu einer Arbeit aus dem Haus gehen musste. Nestel hatte sich einfach über Hajos Gegenwart gefreut, obwohl es dadurch enger in der Dreizimmer-Wohnung wurde und sein Vater manchmal sagte, so würde er es aber auch nicht lange aushalten. Er musste es dann auch tatsächlich nicht lange aushalten, denn kurz nach Nestels siebten Geburtstag hatte sich Hajo erhängt. Mit einem Seil auf dem Dachboden. „Das darfst du niemandem erzählen, sonst denken die Leute schlecht von uns", hatte Nestels Mutter dazu gesagt, und auf dem Grabstein stand: *Durch einen tragischen Unfall viel zu früh gegangen.*

Erwachsen werden bedeutet, dass nicht mehr über die Dinge gesprochen wird, so hat sich Nestel das gemerkt. Das ist die Lektion, die ihm Hajo beigebracht und die seine Eltern dann bestätigt haben. Und das ist das, was sich auf der Kinderfotografie von Nestel spiegelt, dieser Blick, der über alles Unaussprechliche hinaus geht. Ein Betrachten der Ferne, in der Hoffnung, dort das Leben zu finden, während der Tod direkt unter dem Dach wohnte.

Nicht lange nach Hajos Selbstmord waren auch die Großeltern, die Eltern von Nestels Mutter, gestorben. Alle beide, kurz nacheinander, als hätte der eine ohne den anderen nicht sein können. Nestel hatte diese Großeltern nur sehr selten zu Gesicht bekommen. Sie wohnten drei Autostunden entfernt, und das war zu viel für einen Abendbesuch und meistens war es auch für das Wochenende zu weit, fanden Nestels Eltern. Dennoch änderte sich nach dem Tod der Großeltern einiges für Nestel, denn sie hatten viel Geld besessen, das heißt eigentlich kein Geld, sondern zwei Grundstücke mit Häusern darauf, und die gehörten jetzt auf einmal Nestels Familie, da die Mutter keine weiteren Geschwister hatte und nach Hajos Tod Alleinerbin war. Nestels Vater war sehr geschäftstüchtig und erbte außerdem bald darauf von seinen Eltern ein weiteres Grundstück. So kam es, dass Nestels Familie dann von den drei Zimmern in eine sehr große Wohnung zog. Vier Zimmer mit Balkon und einem Parkettfußboden, auf dem man in Strümpfen Schlittschuh laufen konnte.

Nestel war also keine acht Jahre alt gewesen, als er erleben musste, dass ein Großteil seiner Verwandtschaft auf den Friedhof umzog, während er ein eigenes Zimmer bekam, das fast so groß war wie die drei Zimmer, die sie früher zu viert bewohnt hatten. Nestel ging regelmäßig zu dem nahe gelegenen Friedhof, besuchte Hajo und seine Großeltern, goss die Blumen auf den Gräbern und fragte sich, ob es den Toten eigentlich recht war, dass sie so dicht bei dicht lagen, noch dazu mit ganz fremden Personen. Hajo schlief neben einem 15jährigen Mädchen, das durch einen Autounfall umgekommen war, und neben der Großmutter mütterlicherseits thronte ein großer Marmorstein, der als Familiengrab beschriftet war. Eine Elsbeth, ein Günther und eine Ligune waren dort schon unter der Erde, aber der Stein bot noch Platz für viele Namen, und immer schien es Nestel, als ob der Marmor gierig darauf wartete, die nächsten Leiber zu verschlucken, so dass er stets mit größtmöglichem Abstand an diesem Grab vorbeischlich.

Zum Zeitpunkt der Fotografie hatten Hajo und die Großeltern noch gelebt, aber trotzdem war in Nestels Blick schon die Ahnung des Todes gefangen, das Wissen um Endlichkeit. Menschen konnten verletzt werden, sie konnten leiden und sogar sterben. Und es war möglich, dass ihnen der Tod besser gefiel als das Leben. Nestel ahnte das, seitdem er Hajo mit den Glasscherben beobachtet hatte. Aber Nestel wollte es nicht wissen, er wollte es übersehen, er wollte das Kind bleiben, das von den Verletzungen der Welt nichts wusste. Bis zu diesem Moment heute, als er das Foto betrachtet, war er sich ganz sicher, dass es besser war zu schweigen und keine Fragen zu stellen, um das Leid der Erwachsenenwelt nicht zu wecken. Jetzt, neunundzwanzig Jahre nachdem das Foto entstanden ist, zweifelt Nestel zum ersten Mal an seinem Beschluss. Er ahnt, dass es nicht wirklich gut ist, Dinge, die man gesehen, erlebt, bemerkt und gespürt hat, zu verschweigen. Man kann Ereignisse nicht in Stille ertränken. Sie werden dadurch nicht unsichtbar, sie verkleiden sich nur, kehren in neuer Maske zurück. Nestel unterbricht sein Grübeln, läuft eine Weile unkonzentriert durch die Wohnung, wühlt in verschiedenen Schubladen und findet schließlich, was er sucht: Eine alte, etwas vergilbte Fotografie von Hajo. Er lacht auf dem Bild, hat sein dunkles Haar mit Gel aus dem Gesicht gestrichen und seine rechte Hand kokett zum Kinn gehoben. Ganz offensichtlich albert er mit dem Fotografen herum und Nestel lächelt spontan. Dann schiebt sich plötzlich eine Erinnerung an Cora dazwischen. Ein Nachmittag an der Ostsee beim Eis essen. Cora war ein dickes Stück Vanilleeis auf den Bauch getropft und sie hatte laut gekichert. Genauso kokett wie Hajo auf diesem Bild. Zumindest werden jetzt bei Nestel ganz ähnliche Gefühle wach, wenn er an die lustigen Momente mit Hajo und an die mit Cora denkt. Eine tiefe Wärme in seinem Bauch, ein Lächeln, das die Lippen verbiegt. Zweimal packt Nestel das Bild von Hajo wieder in die Schublade und holt es dann doch wieder heraus, geradeso als müsste er sich immer neu das Gesicht vergegenwärtigen oder das wohlige Gefühl, das er hat, während er es betrachtet. „Es ist ein verdammter Blödsinn, den du gemacht hast. Das wollte ich dir immer sagen", faucht Nestel die Fotografie an, ehe er sie endgültig im Schrank verstaut. Dann geht er wieder zu seinem Kinderbild zurück, wischt akribisch den Staub von allen Ecken und reibt noch eine Weile mit einem weichen Staubtuch über sein Kindergesicht. Zwischendrin unterbricht er sein Tun, holt einen Stift, einen Zettel, schreibt auf: *Was man verschweigt, wird nicht unsichtbar.* Während er den Zettel klein zusammen gefaltet in den Bilderrahmen klemmt, denkt er wieder an Cora. Glasklar wird ihm bewusst, dass er immer gehofft hat, alle Probleme würden durch sein Schweigen verschwinden. Er hatte versucht Coras unangenehme Seiten, ihr Drängen und Fordern unsichtbar zu machen, indem er sie übersah. Dabei ist schließlich die Beziehung und ihr ganzes kleines Glück unsichtbar geworden. Das ist das Ergebnis. Und zum ersten Mal, seitdem Cora ausgezogen ist, empfindet Nestel darüber eine tiefe Traurigkeit. Er sitzt noch eine ganze Zeit mit diesem traurigen Gefühl vor der alten Fotografie, verstaut sie dann schließlich doch in einem kleinen Karton, packt sie behutsam in die Zeitung vom Vortag und schiebt sie in das Regal hinter seinem Bett. Dann läuft er eine Weile unruhig in der Wohnung umher. Als es endlich Abend ist, verlässt er die Wohnung fast fluchtartig zu seinem Spaziergang.

Er geht seinen üblichen Weg, wie immer jetzt mit gesenktem Kopf und zügigen Schritten, so als hätte er zunächst eine bestimmte Strecke zu absolvieren, ehe er sich dem nächsten Lebensabschnitt zuwenden kann. An der Eisenbahnbrücke geht er meist schnell vorbei, hastig, ohne den Blick auf die Stadt, den Kirchturm oder die nahen Gleise zu richten. Er geht vorbei, als wäre dort nichts weiter zu sehen. Aber gerade weil er so besonders hastig, so auffallend schnell geht, weil er sich so deutlich damit beschäftigt auf den Boden zu starren, während er über die Brücke eilt, gerade deswegen fällt es einem geübten Beobachter auf, dass dieser Ort etwas in ihm auslöst. Gefühle, die ihn beunruhigen, verwirren. So ist das jetzt jedes Mal, wenn er über die Brücke geht. Dennoch ändert er seine Route nie, er läuft immer exakt die gleiche Strecke, so wie er sie seit Jahren geht, ohne Veränderung, ohne Abweichung oder Umweg. Die Zeit, die er dafür braucht, ist nie mehr als zwei, drei Minuten verschieden, er gönnt sich keine längeren Pausen, seine Schritte sind lang und schnell, nur manchmal kraftvoller, etwas stärker, manchmal etwas schwächer. Das macht die zwei, drei Minuten Unterschied aus.

Nachdem Nestel wieder zu Hause ist, kocht er sich wie üblich etwas zu Abend, Spaghetti mit Tomatensauce, ein Stück Baguette dazu. Anschließend begibt er sich zu seiner Staffelei und malt. Dort bleibt er, versunken in seine Tätigkeit, ohne ein Gefühl für die Uhrzeit. Beim Malen hat der Tag seine starren Strukturen verloren, ohne dass das Nestel beängstigt. Er ist viel zu sehr mit seinen Farben beschäftigt, als dass er Ängste und Bedrückung hätte wahrnehmen können. Das heißt, vielleicht bemerkt er das alles sogar, aber er verwandelt diese Gefühle zeitgleich in Striche, Flecken, Gestalten auf seinen Bildern, so dass alles eine Form bekommt, einen Abstand erhält, der ihn niemals bedroht. An seiner Staffelei ist Nestel in Sicherheit vor der Welt und doch irgendwie mittendrin. Das ist der Grund, warum er die Malerei so liebt.

Der Anruf

Tränen fließen leise, so wie Blumen lautlos blühen.

Coras Auszug ist jetzt ziemlich genau ein halbes Jahr her. Es ist ein Dienstag Abend, an dem Nestels abendliche Idylle unerwartet unterbrochen wird. Als er gerade den Pinsel in die blaue Farbe taucht, klingelt das Telefon. Er legt den Pinsel vorsichtig auf den fleckigen Lappen neben der Staffelei, spürt ein ungewohntes Herzklopfen und geht zum Telefon. Beim vierten Klingeln nimmt er den Hörer ab.

„Nestel?!" In üblicher Weise nuschelt er seinen Namen. Man hat nicht den Eindruck, dass er sich wirklich vorstellen will, er gibt nur einfach ein Zeichen, das klar macht, dass jemand am Apparat ist. Nachdem er sich gemeldet hat, entsteht eine kurze Schweigeminute, dann taucht Coras Stimme auf. Der weiche, schüchterne Klang mit dem verblüffend resoluten Unterton, der Nestel noch immer so vertraut ist. Vertraut, aber nicht unbedingt angenehm.

„Hallo Nestel, ich bin's."

Nestel sagt nichts. Cora ist offensichtlich verlegen.

„Ich wollte sagen, dass es mir leid tut. Alles."

Nestel sagt immer noch nichts. Es hört sich ein bisschen so an, als ob Cora schluchzt, zumindest seufzt sie.

„Ich wollte fragen, ob wie uns vielleicht in den nächsten Tagen mal treffen wollen?"

Ihre Stimme klingt ängstlich, aber auch erwartungsvoll.

„Nein", antwortet Nestel. Ansonsten sagt er nichts, aber er legt den Hörer auch nicht wieder auf. Er wartet ab.

„Ok, vielleicht ist es jetzt noch zu früh. Vielleicht sollten wir noch ein paar Wochen warten", lenkt Cora ein. „Wir können es ja erst noch einmal offen lassen. Vielleicht passt es dir so im Oktober?"

„Nein", wiederholt Nestel in dem gleichen bestimmten Tonfall.

Danach ist es still. Cora sagt nichts, Nestel sagt nichts, keiner von beiden beendet das Gespräch. Nestel drückt den Hörer sogar so fest an sein Ohr, dass es rot anläuft. Es knackt kurz in der Leitung, rauscht, aber die Verbindung ist nicht unterbrochen. Sie hören den anderen atmen, starren auf den Fußboden, an die Wand, kauen an den Fingernägeln. Sie tun beide das gleiche, nur in verschiedenen Räumen.

„Es ist schön, dass wir uns kennen gelernt haben", wispert Cora schließlich leise.

„Ja", antwortet Nestel nun mit etwas weicherer Stimme.

„Etwas, was so schön ist, muss irgendwie weiter gehen." Cora wirkt jetzt ein bisschen trotzig, vielleicht auch verzweifelt. Nestel schüttelt den Kopf, schiebt seine Augenbrauen über seinem Nasenrücken zusammen, so dass er einen etwas verwunderten, fast grimmigen Gesichtsausdruck bekommt. In der Leitung bleibt es währenddessen still, er formuliert kein Wort, das sein Kopfschütteln unterstützt.

Dann hängen beide gleichzeitig den Hörer ein, als hätten sie es verabredet, als hätten sie es jahrelang geübt, genau gleichzeitig. Keiner von beiden hat *Auf Wiedersehen* gesagt.

Eine Woche nach diesem Gespräch kommt Theodor zu Besuch. Die Freunde sitzen in der Küche, trinken Früchtetee, essen Schokoladenkekse, und irgendwann zu späterer Stunde sagt Nestel: „Cora hat angerufen." Theodor reagiert mit einem Zucken seiner Lippen, sagt aber nichts. Nur ein Schluckauf ist zu hören.

„Sie hat gemeint, wir sollten uns wieder sehen. Alles weiterführen."

„Und was meinst du dazu?" Theodor sitzt jetzt ungewöhnlich still, der rote Tee schwappt nur ganz sacht in seiner Tasse.

„Hör mal, sie wollte mich ohne meine Einwilligung in eine Klinik schicken!" Nestel hat sich vornüber gebeugt, über den Tisch, so dass er Theo ungewöhnlich nah ist. Trotzdem sieht er ihn nicht an.

„Ach so, stimmt ja. Sie wollte, dass der Arzt es irgendwie benennt, wie du bist", sagt Theo nachdenklich. Nestel wird daraufhin wieder ruhiger, lehnt sich zurück, meint: „Es ist die Frage, ob jemandem dadurch geholfen wird, dass er eine Diagnose erhält."

„Ja, das ist die Frage", echot Theo.

„Vielleicht hilft es dem anderen, oder dem, der die Diagnose stellt. Etwas, das einen Namen hat, lässt sich leichter akzeptieren." Nestel hat mit ungewohnt harter Stimme gesprochen, es klingt Ablehnung, Abwertung aus seinen Worten. Es ist offensichtlich, dass er Menschen verachtet, die sich an solchen Namen orientieren.

„Immerhin", bemerkt Theo aber unbeirrt.

„Was?" Nestel zuckt zusammen und auf seinem grimmigen Gesicht bildet sich eine Falte über der Nase, trotzdem sieht er offener aus, aufmerksamer als gerade zuvor. Theos Bemerkung hat ihn stutzig gemacht. „Was, immerhin?"

„Immerhin", wiederholt Theo. „Wenn es dem anderen hilft, wäre es ja auch ein Anfang, um miteinander auszukommen."

Nestel starrt Theo sekundenlang an, ohne sich zu rühren oder etwas zu erwidern. Offensichtlich denkt er nach. Aber dann sinkt er in sich zusammen, lässt die Schultern hängen, wendet den Blick wieder von Theo ab und spricht weiter, ohne sich auf Theos Aussage zu beziehen. „Es ist irgendwie traurig." Nestels Stimme klingt jetzt monoton und enttäuscht. „Aber ich glaube, Cora will nicht wirklich etwas weiter führen. Sie will die Uhr zurückdrehen. Aber man hat alle Dinge im Leben nur einmal."

Beim letzten Satz hat sich Nestel aufgerichtet, hat sein leicht gegen die Stuhllehne gebeugtes Kreuz gestreckt, sieht Theodor einen kurzen Moment direkt an, um seine Pupillen dann wieder auf eine unbekannte Ferne zu richten.

„Immerhin," nickt Theodor wieder. „Immerhin, wenn man alles wenigstens einmal hat. Das ist gut." Theodor nickt heftiger und wiederholt: „Das ist gut." Als er Nestels verwunderten Blick einfängt, erläutert Theodor mit verschmitztem Lächeln: „Auch ich werde wohl noch eine Frau kennen lernen. Wenigstens einmal." Dann müssen beide plötzlich lachen.

Drei Tage nach diesem Treffen mit Theodor liest Nestel eine Notiz in der Zeitung, die er ausschneidet: *Tanzlehrerin vor Freitod bewahrt*. Eine junge Frau hatte sich vor den Zug werfen wollen, ist aber im letzten Moment von einem Passanten gerettet worden. Es wird vermutet, dass sie an der Beziehung zu ihrem psychisch kranken Freund verzweifelt ist. In der zweiten Tageszeitung, die Nestel daraufhin kauft, heißt es, die Tanzlehrerin habe an Depressionen gelitten. In der dritten ist das Ereignis nicht erwähnt. Nestel legt die Notizen in das Küchenregal. Später findet er noch einen weiteren Zeitungstext, den er ebenfalls ausschneidet: Die Brücke, über die sein Spazierweg führt, soll abgerissen und durch ein neueres Bauwerk ersetzt werden.

Anschließend malt er sehr konzentriert an einem Bild, das er etwa ein Jahr danach für eine Menge Geld verkaufen wird. Es zeigt die Silhouette einer Frau, in deren Inneres etwas Dunkles wuchert, nichts Menschliches, eher ein Ungeheuer mit langen, tentakelartigen Armen, die aus der Silhouette nach draußen greifen und drohend über einem Mann schweben, der im Vergleich zu dem Frauenkörper verschwindend klein aussieht. Er hat, als wolle er sich schützen, die hageren Schultern nach oben gezogen, zugleich ist aber zu erkennen, dass er den Weg, auf dem er geht, unbeirrt weiterläuft. Die Figur ist deutlich in Bewegung. Sein Gesichtsausdruck spiegelt weniger die Angst vor der bedrohlichen Frau als mehr die Vorfreude auf die Blumenwiesen, die am hinteren Bildrand, das Ziel seines Weges, zu sein scheinen. Vielleicht lächelt er auch der Gestalt zu, die, in einen zerschlissenen Mantel gehüllt, auf einer Bank am Rand des Weges sitzt. Diese Person scheint eher unbeteiligt an dem restlichen Geschehen auf dem Bild. Wer Theodor kennt, hätte möglicherweise eine gewisse Ähnlichkeit mit seinem manchmal etwas einfältig anmutendem Lächeln erkannt. Andererseits ist die Ähnlichkeit mehr zu ahnen als zu sehen, obwohl Nestel sicher in der Lage gewesen wäre, ein Abbild seines Freundes zu zeichnen. Vermutlich ist also die Person auf der Bank eher jemand, der einen lebendigen Beobachter des Geschehens darstellen soll, jemand, der alles sieht, ohne es zu bewerten, ohne dass Nestel damit eine bestimmte Person meint. Nicht bewusst jedenfalls. Es ist denkbar, dass Nestel, der seine Bilder mit viel Können und noch mehr Intuition gestaltet, unbewusst das Lächeln seines Freundes an diese Stelle gesetzt hat. Seit Jahren gibt es keinen zuverlässigeren und stilleren Beobachter von Nestels Leben als Theodor. Allenfalls der kleine Junge, der eingerahmt über dem Klavier hing und von dort aus alles betrachtete, nur er hatte vielleicht noch mehr von Nestel gesehen. Der kleine Junge und Theodor sind die stillen Beobachter, die oft nicht verstehen können, was sie sehen, aber – davon unbeirrt – einfach da sind. Vielleicht ist es gerade das, was Nestel so an Theodor schätzt, dass er sich die kindliche Fähigkeit bewahrt hat, einer Welt mit Gleichmut gegenüber zu treten, ohne sie zu verstehen. Er kritisiert Nestel ebenso wenig wie die restliche Welt, weil er niemals eine Vorstellung darüber entworfen hat, wie etwas sein soll. Er hat kein Bild in seinem Kopf, an dem er seinen Freund hätte messen können. Theodor fehlt die Möglichkeit, weit über sein aktuelles Erleben hinaus zu denken, aber genau das eröffnet ihm die Fähigkeit, alles vorbehaltlos zu nehmen wie es ist.

In einem der Tentakelarme des Monsters steckt ein Messer, das in fortwährender Bewegung zu sein scheint, aber letztlich mit seiner Spitze auf den Frauenkörper zielt, der sich fast ekstatisch dem Mordinstrument entgegen reckt. Obwohl das Bild von der drückenden Stimmung aus Todeskampf und Bedrohung dominiert wird, entsteht sein so anrührender Reiz erst durch den kleinen Mann, der seltsam unbeteiligt aus dem dunklen Bildteil heraus in eine lichte Landschaft wandert. Unten rechts in die Ecke hat Nestel mit schwarzer Tusche den Titel geschrieben: *Dämonen der Liebe.*

Gerade als Nestel den lächelnden Mann auf der roten Bank zeichnet, läutet das Telefon. Theodor ist am Apparat.

„Hast du es in der Zeitung gelesen?"

„Was?"

„Von der Tanzlehrerin, die von der Brücke springen wollte."

„Ja."

„Warum macht sie immer wieder dasselbe?"

Einen Moment ist es still in der Leitung. Nestel betrachtet einen blauen Farbklecks an seiner linken Hand.

„Vertraute Wege sind irgendwie beruhigend", sagt Nestel dann.

„Aber sie könnte eines Tages wirklich tot sein!" Theodor ist ziemlich aufgebracht. Er hat Cora nur selten gesehen, aber er weiß, dass sie viel für Nestel bedeutete. „Was will sie denn? Dass du immer noch auf sie aufpasst? Du hast ihr eine Abfuhr erteilt und schon springt sie von der Brücke!" Theodors Satz endet mit einem Schnalzen seiner Zunge und einem Schulterzucken, das so heftig ist, dass ihm fast der Hörer aus der Hand fällt.

„Vielleicht ist sie einfach verzweifelt", sagt Nestel, nachdem er eine Weile nachgedacht hat. „Vielleicht braucht sie jemanden, der viel mit ihr redet und ihr dabei hilft, ihre Sorgen zu verdauen."

„Ja, kann ja sein, aber das bist jedenfalls nicht du." Theodors Stimme klingt jetzt etwas beleidigt.

„Ja, richtig, ich bin das nicht. Ich bin damit überfordert."

Nestel sagt das noch ganz sachlich, mit etwas monotoner Stimme, aber er bemerkt schon beim Sprechen, dass der blaue Farbfleck vor seinen Augen langsam verschwimmt. Er weint. Seine Tränen fließen leise, so wie Blumen lautlos blühen, und Theodor bemerkt am anderen Ende der Leitung nichts davon.

„Cora ist wirklich schwierig", brummt Theodor noch.

„Ja", stimmt Nestel mit etwas weicherer Stimme zu. „Aber ich auch." Er seufzt. Theodor geht nicht weiter auf Nestels Aussage ein, stattdessen erklärt er: „Eigentlich hätte ich mir gewünscht, dass es irgendwann wieder mit euch weiter geht." Er macht eine kleine Pause, fügt dann hinzu: „Frauen sind ja schon interessant. Es ist irgendwie eine andere Dimension."

„Ja", sagt Nestel. Jetzt lächelt er sogar. Aber er ist im Moment zu müde, um noch etwas zu dem Gespräch beizutragen. Also verabschieden sich die Freunde wieder und Nestel geht zurück zu seiner Staffelei.

Das Wiedersehen

... wie viele Brücken es wohl auf dieser Welt gibt, von denen sie ganz leicht springen könnte ... Aber ... wie unsinnig das alles ist, wenn es doch immerhin eine Brücke gibt, eine einzige, an der ihr Leben bewacht wird.

Nestel und Cora sehen und hören dann die nächsten zwei Jahre nichts voneinander. Jedenfalls nicht so, dass man es als Begegnung hätte bezeichnen können. Die Stadt ist klein, aber doch groß genug, so dass ein zufälliges Begegnen nicht sehr wahrscheinlich ist. Andererseits sind da Nestels Standardwege, seine exakt eingehaltenen Zeitpläne, die es letztlich leicht machen, sich zu treffen, wenn man nur will. Cora ist das auch vollkommen klar und einige Monate nach ihrem letzten Telefongespräch mit Nestel schlendert sie entlang dieses Weges, lauernd, fast schnuppernd, so wie ein Hund, der ein fremdes Revier ergründet. Auf Höhe der Brücke, die mittlerweile durch ein monumentaleres Bauwerk mit großen Stahlträgern ersetzt worden ist, verlangsamt sie ihren Schritt noch mehr als zuvor, wechselt die Straßenseite mehrfach und findet schließlich einen Platz zwischen zwei Kastanienbäumen und einem Kieshaufen, von dem aus sie die Brücke einsehen kann, ohne selbst gesehen zu werden. Dort wartet sie. Tatsächlich biegt Nestel pünktlich um die Ecke, geht mit seinen kräftigen Schritten über die Brücke, zögert, bleibt stehen, wie verwundert, als wäre die Brücke immer noch neu für ihn, obwohl er nun bestimmt schon hundert Mal auch über das neue Bauwerk gegangen ist. Er geht ein paar Schritte zurück, versucht von der Brüstung aus auf die Schienen zu sehen, was auf Grund der massiven Stahlträger kaum mehr möglich ist. Außerdem schützt ein großer Maschendrahtzaun die Brüstung, der so hoch ist, dass Nestel den Rand selbst mit ausgestrecktem Arm nicht erreichen kann. Er prüft das sorgfältig, so wie er es vielleicht schon hundert Mal geprüft hat, und Cora spürt ein paar Tränen über ihre Wangen rollen, als sie Nestels Verhalten aus ihrem Versteck heraus beobachtet. Was ein anderer vielleicht nur als eine von Nestels vielen Marotten abtun würde, ist für sie eine Geste der Zärtlichkeit, wie sie sie nicht erwartet hätte. Nestel prüft offenkundig, ob es einem Selbstmörder gelingen könnte, von dieser Brücke zu springen. Er kommt zu dem Schluss, dass das nicht möglich ist, und geht dann mit erleichtertem Gesichtsausdruck weiter, etwas schneller als zuvor, um das Zögern an der Brücke wieder auszugleichen. Cora lehnt sich an eine der Kastanien, bleibt dort stehen, weint, bis Nestel lange außer Sicht ist. Dann schlendert sie ganz langsam zu sich nach Hause zurück, jetzt nicht mehr suchend, sondern eher nachdenklich. Sie überlegt, wie viele Brücken es wohl auf dieser Welt gibt, von denen sie ganz leicht springen könnte, und wie viele andere Möglichkeiten es gibt, das Leben zu beenden. Aber sie denkt auch, wie unsinnig das alles ist, wenn es doch immerhin *eine* Brücke gibt, eine einzige, an der ihr Leben bewacht wird.

Nestel hat sich angewöhnt in regelmäßigen Abständen bei der Telefonauskunft anzurufen, um nach Coras Telefonnummer zu fragen. Dabei hat er das kleine Adressenbuch aufgeschlagen neben dem Telefon liegen und verfolgt die einzelnen Zahlen, sobald die automatische Ansage erklingt. Cora hat ihm direkt nach ihrem Auszug eine Postkarte mit der neuen Telefonnummer geschickt, und die hat er ordentlich in sein Adressenbuch eingetragen. Mit grüner Tinte. Die Telefonauskunft sagt jedes Mal unverändert diese grün notierte Nummer an. Daraus schließt Nestel, das Cora nach wie vor in dem kleinen Apartment über ihrem Tanzstudio wohnt. Einmal ist er auch dort vorbei gegangen, hat die graue Hausmauer studiert und sich dabei irgendwie unwohl gefühlt. Er ist auf dem Rückweg von der Redaktion dort vorbei gegangen. Das ist ein ziemlicher Umweg, und er ist dann, wie um sich zu beruhigen, noch einmal zur Redaktion zurückgegangen, um seinen gewohnten Heimweg zu nehmen. Danach war er zu erschöpft, um noch seinen üblichen Spaziergang zu absolvieren. Das ärgert ihn dann noch mehrere Tage.

Obwohl sich also Nestel und Cora damit befasst haben, den Lebensraum des anderen zu erkunden, sind sie sich nicht wieder von Angesicht zu Angesicht begegnet. Als sie sich schließlich doch wieder über den Weg laufen, ist es vollkommen ungeplant und für beide sehr überraschend.

Nestel ist für nachmittags um vier Uhr beim Zahnarzt bestellt und hat deshalb die Redaktion schon eher verlassen. Es ist nur der halbjährliche Kontrollgang, und Nestels Zähne sind meistens in Ordnung. Dennoch fühlt er sich ein bisschen beklommen, als er die Tür zum Wartezimmer öffnet. Vier Menschen sitzen darin. Eine alte Dame, ein junger Mann mit Kind – und Cora. Sie sitzt genau gegenüber der Tür und sieht Nestel mitten ins Gesicht, als er eintritt. Sie ist genauso erstaunt wie er.

„Guten Tag", hat Cora sagen wollen, weil sie findet, es gehört sich, einen Neuankömmling in der Wartegemeinschaft zu begrüßen. Aber jetzt bleibt ihr Mund halb geöffnet stehen, nur ein leises Seufzen ist zu hören, ein lautes Atmen, gerade laut genug, um ein Geräusch zu sein, aber zu leise und ungeformt, um wirklich ein Wort darzustellen, um auch nur im Entferntesten an eine Begrüßung zu erinnern. Der junge Mann und die alte Dame sind ebenfalls still, haben nur ihre Köpfe ein wenig gehoben, Nestel betrachtet, so wie man einen Leidensgenossen eben betrachtet. Aber sie sind still geblieben, begrüßen ihn nicht, als hätte Coras Erschrecken einen Mantel des Schweigens über den Raum gelegt. Nur das Kind brabbelt weiter zu seinen Legosteinen, zupft den jungen Mann am Bein und beachtet weder Nestel noch das Schweigen. Nestel steht sekundenlang wie fest gewachsen, angeschraubt zwischen draußen und drinnen, den Türgriff in der einen Hand, die andere an den Mantel gelegt, den er eben noch aufknöpfen und an die Garderobe hängen wollte, jetzt jedoch die Knopfleiste gegen seinen Oberkörper presst, wie um sich zu schützen. Erst als Cora den Blick senkt, betritt er den Raum vollends, schließt die Tür hinter sich, lässt den Mantel jedoch an, faltet sich auf einen der hölzernen Wartezimmerstühle zusammen und greift nach einer Zeitung, um sein Gesicht darin zu verstecken. Er blättert die Seiten in rascher Reihenfolge um, zu schnell, als dass er etwas hätte lesen können, mehr um die Finger zu beschäftigen, die Hände, um überhaupt irgendetwas zu tun, was seiner inneren Bewegung ein Ventil verschafft. Cora dagegen hat die schlanken Beine übereinander geschlagen, die Hände im Schoß gefaltet und sitzt ganz ruhig, wachsam, sehr aufrecht, als könne jeden Moment etwas Unerwartetes passieren. Sie zuckt zusammen, als sich die Tür erneut öffnet. Diesmal ist es die Sprechstundenhilfe. „Frau Timmelstuk, bitte", sagt sie und Cora flüchtet dem Weißkittel hinterher auf den Gang, ohne noch einen Blick auf Nestel zu werfen. Zehn Minuten später ist auch Nestel an der Reihe. „Irgendwelche Beschwerden?", fragt der Zahnarzt routinemäßig und ist dann sichtlich verwirrt, als Nestel daraufhin „Ja", sagt und gleichzeitig den Kopf schüttelt. Der Arzt wartet nicht ab, bis Nestel seine unklare Antwort richtig stellen kann, sondern sieht ihm direkt in den Mund, so dass eine weitere Unterhaltung nicht möglich ist. Wie zu sich selbst spricht der Arzt abwechselnd über das Wetter und die Zähne in Nestels Mund, während die Sprechstundenhilfe mit ihren nach Seife riechenden Fingern und einem metallenen Spatel Nestels Lippen auseinander hält. Ein kleiner Miniaturstaubsauger schlürft dabei geräuschvoll den

Speichel aus seinem Rachen. „Ein kleines Loch, das haben wir gleich", stellt der Arzt schließlich fest, und ohne das weiter zu erklären, greift er nach dem Bohrer. Er hantiert mit flinken Händen, die Nestel aus seiner halb liegenden Perspektive nur unscharf verfolgen kann. Eine Füllmasse, die penetrant wie bitterer Kaugummi schmeckt, verschließt kurz darauf das kleine Loch. „Bitte zwei Stunden nichts essen." Mit dieser Bemerkung beendet der Doktor die Behandlung. Statt Nestel die Hand zu geben, zieht er seine Handschuhe aus und wäscht sich, während die Sprechstundenhilfe mit ihren Seifenfingern Nestel das große weiße Lätzchen abknöpft und ihm einen Becher zum Spülen hinstellt. Er spuckt Wasser gemischt mit einigen silbernen Klumpen in das Waschbecken und tupft sich die nassen Lippen mit einem Taschentuch ab. Nestel geht grußlos, nur mit einem leichten Nicken zu dem Arzt, der bereits den nächsten herein ruft. Nachdem Nestel die Praxis verlassen hat, sieht er auf die Uhr, stellt fest, dass es noch relativ früh ist und beschließt heute einen größeren Spaziergang zu machen. Er beginnt direkt in dem Park jenseits der Praxis, erreicht von dort aus das benachbarte Stadtviertel, schlendert noch eine Geschäftszeile entlang, ohne wirklich zu sehen, was in den Schaufenstern liegt, und wendet sich dann Richtung Süden, um von dort aus, jenseits der Brücke, auf seine übliche Route zu stoßen. Als er schließlich zu Hause ankommt, ist es fast 20 Uhr.

„Der Herr Nestel ist heute viel zu spät", sagt Frau Tördau, die wieder am Fenster lehnt und die Straße beobachtet. Die Glatze ihres Mannes wippt nickend, als sie auf ihre Armbanduhr zeigt, die mit einem dünnen Lederriemen in ihre fleischige Haut schneidet. „Ja genau", sagt Herr Tördau, aber es klingt nicht so, als hätte es wirklich Bedeutung für ihn.

Freundschaft

Vielleicht ist gerade dies das Wesen der Freundschaft, dass uns die ungeliebten Gefühle erschrecken.

Am nächsten Tag, als Nestel seinen Spaziergang gerade wieder pünktlich beendet hat, kommt Theo zu Besuch. Er hat sich nicht angemeldet, steht deshalb einen Moment zögernd, mit dem unterwürfigen Blick eines Pinschers in der Tür, aber er erwidert Nestels fragenden Blick nicht mit dem üblichen „Darf ich hereinkommen?" Er sagt nur einfach: „Ich bin das!" Nestel schmunzelt, macht eine einladende Handbewegung und geht dann direkt in die Küche, zum Herd, um Teewasser aufzusetzen. Theo hat sich noch nicht gesetzt, da fängt er diesmal schon an zu reden.

„Ich bin verliebt", sagt er. Ohne Vorwarnung fallen die Worte in die Küche wie bunte Lichter, die Nestel blenden. Er verschüttet etwas von dem Wasser, unterbricht seine Tätigkeit aber nicht. Er greift nach der Teedose, einem Löffel, füllt den Tee bedächtig in das Sieb, während das Wasser zu brodeln beginnt.

„Es ist die Sprechstundenhilfe von Dr. Lamsö." Theos Blick sieht triumphierend aus, aber auch so, als wäre er über sich selbst erstaunt. Nestel brüht den Tee auf, stellt Tassen auf den Tisch, hört trotz aller Geschäftigkeit aufmerksam zu. Man sieht es an seinen Augenbrauen, die jetzt ein wenig höher im Gesicht liegen, als müsste er die Augen aufreißen, um die Neuigkeiten hinein zu füllen. Theo weiß das. Obwohl ihm Nestels Augen vielleicht gar nicht auffallen, weiß er genau, dass Nestel wachsam auf jedes seiner Worte lauscht. Theo genießt diese Aufmerksamkeit sichtlich.

„Sylvia heißt sie. Sylvia sagt, was macht es schon, wenn ich Zuckungen habe, der Charakter wäre wichtiger." Nach einer kurzen kunstvollen Pause fügt Theo hinzu: „Sylvia sagt, ich hätte so viel Geduld und Mut, das würde sie bewundern." Beim letzten Wort ruckt Theodors rechter Arm so plötzlich, dass die Tasse mit dem eben eingegossenen Früchtetee vom Tisch fällt. Sie zerbricht nicht, aber ihr Inhalt schüttet sich wie Weihwasser über die Gesichter der beiden, die noch versucht haben, die Tasse zu halten, aber sich letztlich dem fallenden Porzellan nur entgegen gebeugt haben, ohne sie auch nur ansatzweise zu erreichen. Nestels Hemd weist rote Spritzer auf. Die zwei sehen aus wie frisch getauft in Himbeersaft. Einen Moment sehen sie sich schweigend an, betrachten die Tasse, die jetzt auf dem Boden liegt, gerade so wie man ein wildes Tier beobachtet, unsicher, ob es gleich noch einmal zum Angriff ausholt. Dann müssen beide lachen. „Du bist also verliebt", lacht Nestel. Aber obwohl er so fröhlich aussieht, spürt er einen ziehenden Schmerz in der Brustgegend, einen unangenehmen Druck im Bauch. Eigentlich will er es selbst nicht glauben. Nestel erlebt seinen Freund redselig und vergnügt und Nestel möchte sich darüber freuen. Ausschließlich. Er versucht sein Magengrimmen zu ignorieren und wiederholt: „Theo, du bist verliebt, das ist ja ein Ding." Nestel ist glücklich darüber, dass Theo so guter Dinge ist. Er freut sich, dass sein Freund ganz offensichtlich eine Menge Ängste hinter sich gelassen hat. Die Liebe ist stärker als Armut, Behinderungen, Unsicherheiten. Nestel hat das immer gehofft und hier hat er nun die Bestätigung. Trotzdem fühlt Nestel nicht nur Freude, ganz im Gegenteil, er wird von Minute zu Minute unglücklicher, hantiert noch eine Weile am Waschbecken, um sich Theo nicht zuwenden und sein trauriges Gesicht enthüllen zu müssen. Es ist seine eigene Sehnsucht, die plötzlich wie ein Springbrunnen aus dem Innersten nach oben sprudelt. Theo ist verliebt, ihm scheint die Welt offen zu stehen. Aber Nestel ist gerade erst an der Beziehung zu Cora gescheitert. Ihm ist nicht gelungen, was für viele Menschen selbstverständlich ist. Jetzt sogar für Theo. Nestel fühlt sich zum ersten Mal in Theos Gegenwart minderwertig, fehl am Platz und irgendwie überfordert. Damit hat Nestel nicht gerechnet, dass ihm sein Freund eine frohe Botschaft überbringt und er daraufhin unglücklich wird. Nestel schämt sich dafür. „Magst du Kekse?" Nestel öffnet eine neue Dose, eine teure Sorte, die er für einen besonderen Anlass im Regal verwahrt hat. „Es sind zehn verschiedene Sorten", sagt er, während er das Gebäck auf einen Teller schüttet. Er hält Theo den Teller unter die Nase, damit er den Duft nach Krokant und Nougat einatmen kann, aber vielleicht auch, um von seiner eigenen Irritation abzulenken. Nestel ist betroffen, weniger über Theos Nachricht, als vielmehr über seine eigene Reaktion darauf. Aber vielleicht ist gerade das, das Wesen der Freundschaft, dass die eigenen ungeliebten Gefühle erschrecken. Nestel fühlt sich neidisch, eifersüchtig auf seinen besten Freund. Dabei erschrickt er über sich selbst. Er hatte nicht gedacht, dass Neid wirklich in seinem Charakter verankert wäre. Nestel hat bisher weder andere Künstler noch andere Redakteure beneidet. Vielleicht schienen sie ihm zu weit entfernt von seiner Welt, als dass er sich mit ihnen verglichen hätte, aber jedenfalls schätzte er sich deshalb selbst als tolerant und niemals missgünstig ein. Aber jetzt ist er auf Theo neidisch, obwohl das sein Freund ist und obwohl Nestel der Ansicht ist, dass Theo eigentlich eine Entschädigung verdient hätte, für seine Krankheit, seine Armut. Theo hat nie Eltern gehabt, die ihm Häuser hinterlassen oder überhaupt viel gegeben haben. Sie waren einfach alle beide gestorben, als Theo knapp sechs Jahre alt gewesen war, und danach war er in einem Heim groß geworden. Die Tics begannen, als er sieben Jahre alt war, und das machte alles auch nicht gerade besser, obwohl es in dem Heim laut Theos Aussage ausgezeichnete medizinische Betreuung gab. Alles auf dem neuesten Stand. Das nützte nur insofern nichts, als dass es keine wirkliche Heilung für das Zucken und Grimassieren gab. Es bestand allerdings die Hoffnung, dass die Beschwerden mit höherem Alter abnahmen. Das war sicherlich alles nicht leicht gewesen. Trotzdem hat Nestel Theo sogar schon um diesen Heimaufenthalt beneidet, um das Zusammensein mit so vielen Kindern, das Vorhanden-sein von verschiedenen Ansprechpartnern. Als Theo einmal von seiner Kindheit erzählt hatte, war es zunächst genau dieses ziehende Gefühl in der Magengegend gewesen, das Nestel auch jetzt verspürt. Nestel hatte zwar Eltern, eine Zeitlang auch Hajo, aber das alles war ihm oftmals erschienen wie eine Burg, die ihn von den anderen Kindern trennte, statt ihn wirklich zu unterstützen. Nestel hatte sich manchmal gedacht, dass er als Kind genau so eine Außenseiterrolle hatte wie Theo, der mit seinen seltsamen Zuckungen überall auffiel. Nestel dagegen fiel niemandem auf.

„Ich meine, ich bin in letzter Zeit schon ein bisschen oft zum Arzt gegangen. Das war gar nicht wegen der Beschwerden. Es war wegen Sylvia." Theo schiebt sich einen der Schokoladenkekse in den Mund und sieht sehr spitzbübisch aus.

Jetzt denkt Nestel an die Ostsee und die Momente auf der kleinen Bank, als er sich mit Cora noch im Gleichklang fühlte. Dabei steigt eine ähnliche Traurigkeit in ihm auf wie in den Wochen zuvor, als er beschlossen hatte, das Bild über dem Klavier abzunehmen. Theo redet unterdessen weiter, aber Nestel hört nur bruchstückhaft zu.

„Weißt du Nestel, manchmal habe ich gedacht, ich bin ja so ein richtiges kleines Monster, nie weiß man, wann mein Arm in welche Richtung ausschlägt, und wenn ich so dicht neben einer Frau sitze, muss das so unheimlich für sie sein."

Nestel starrt auf seine Teetasse, einen Moment lang sieht er Theo vor sich, wie er mit seinen Zuckungen neben einer Frau auf einer Bank sitzt. Dann denkt er wieder an Cora.

„Aber neulich war ich bei ihr zu Besuch, wir saßen auf der Couch und sie war so erschöpft von der Arbeit und was soll ich dir sagen? Sie ist einfach auf der Couch eingedöst, direkt neben mir!"

Nestel sieht jetzt etwas verunsichert zu Theo hinüber, für ihn klingt das nun wiederum nicht unbedingt nach einem interessanten Nachmittag. Aber Theo fährt unbeirrt fort.

„Ich fand das so schön. Ich dachte, meine Güte, wie entspannt muss sie sein, was für ein Vertrauen, neben Monstern schläft man doch nicht!"

Nestel nickt, aber sagt nichts weiter dazu. Er kämpft noch immer mit seinen Erinnerungen, seinen Gefühlen.

Schließlich hält Nestel es nicht mehr aus, er steht auf, geht in den Nebenraum zu seinem Schreibtisch, ohne etwas Erklärendes zu Theo zu sagen, der jetzt „Ach du mein Augenstern" summt und in seiner Teetasse rührt. Nestel holt eine Postkarte hervor, die er noch von der Ostsee aufgehoben hat, nimmt seinen grünen Füller und schreibt: *Liebe Cora, nach wie vor sehe ich keine Möglichkeit, mit Dir zu leben. Aber ich wollte Dir sagen, dass mir unsere Begegnung sehr viel bedeutet hat. Sie hat in meinem Leben viel <u>verändert.</u>* Er unterstreicht das Wort *verändert* und überlegt dann eine Weile, ob er noch einen Satz hinzu fügen soll. „Viele Grüße" erscheint ihm zu banal. „Ich wünsche Dir alles Gute" klingt zu endgültig. „Ich liebe Dich" ist für Nestel zu pathetisch. Richtig wären alle drei Aussagen, aber schließlich entscheidet er sich, doch nur seinen Namen unter den Text zu setzen. Er klebt eine Briefmarke akkurat auf die rechte obere Ecke, schreibt die Adresse, ohne in seinem Adressbuch nachzulesen, und geht dann in die Küche zurück, wo Theo noch immer in der Teetasse rührt. Offenbar hat er kaum bemerkt, dass Nestel den Raum längere Zeit verlassen hat. Jetzt sieht er verwundert auf.

„Ich muss noch zum Briefkasten, begleitest du mich?", sagt Nestel zu Theo gewandt. Theo nickt, springt gleich bereitwillig auf. An der Tür bleibt Nestel noch einmal kurz stehen, dreht sich zu Theo um und sagt: „Natürlich bist du kein Monster. So ein Quatsch." Nestel hat sehr laut und eindringlich gesprochen. Theo ist regelrecht zusammen gezuckt. Aber dann lacht er. „Ok. Kein Monster."

In diesem Moment klingelt das Telefon. Die beiden Männer halten inne, lauschen einen Moment auf das Klingeln, als könnte es ihnen verraten, wer da am Apparat sei. Dann geht Nestel zurück ins Wohnzimmer, hebt den Hörer mit der rechten Hand ab, in der linken hält er noch den Brief. Es ist Jule.

„Hallo Nestel, entschuldige, wenn ich störe ..." Es entsteht eine kleine Pause, in der Jule Nestel die Möglichkeit gibt, etwas zu antworten. Aber er sagt nichts, lauscht nur konzentriert in den Hörer.

„Ich habe wieder ein Ausstellungsangebot für dich, aber diesmal hat es nichts mit Psychiatrie zu tun." Wieder entsteht eine kleine Pause. „Ich bin doch in so einem Literaturkreis, und da ist jetzt die Idee entstanden, dass wir ein größeres Kulturereignis veranstalten wollen. Mit Musik, Lesungen und am besten auch Bilderausstellungen." Als Jule jetzt eine Pause macht, öffnet Nestel den Mund, aber ehe er etwas sagen kann, fügt Jule hinzu: „Ich habe sofort an deine Bilder gedacht. Würdest du mitmachen?"

„Ja, gerne."

„Gerne sogar, na da bin ich ja erleichtert!" Einen Moment ist es wieder still, dann fährt Jule mit etwas leiserer Stimme fort: „Ich hatte doch immer noch etwas Bedenken, dass du mir den Vorschlag mit der Psychiatrie-Ausstellung noch übel nimmst. Es war doof von mir, ich weiß." Jetzt lacht Nestel, es ist eher ein Schmunzeln als ein Lachen, aber doch ist auf der anderen Seite des Hörers etwas davon zu hören, ein leichtes Seufzen, ein schwungvolles Atmen, immerhin. „Wie bitte?", fragt Jule nach.

„Das war schon ok. Es ist halt die Frage, ob Überforderung eine Krankheit ist."

„Ach so", sagt Jule, aber es klingt nicht so, als hätte sie Nestel wirklich verstanden.

„Vielleicht ist es manchmal auch wirklich sinnvoll, sich mal zu unterhalten. Mit einem Arzt oder überhaupt."

„Ach so", sagt Jule wieder und Nestel ergänzt: „Ich muss jetzt los, wir können das ja morgen weiter besprechen." „Gut", sagt Jule. Sie ist hocherfreut, dass Nestel von sich aus das Gespräch fortführen möchte. Außerdem ist sie neugierig, wieso Nestel jetzt losgehen muss, sie fragt sich, was er vor hat. Aber laut sagt sie nur: „Also bis morgen." Nestel hängt den Hörer ein und geht zu Theo zurück, der noch immer im Flur vor der Wohnungstür steht. „Es war Jule", erklärt Nestel. Theo sieht auf, blickt Nestel so direkt wie möglich ins Gesicht und fragt: „Interessiert sie sich für dich?" So etwas hat Theo noch nie gefragt. Nestel ist verwundert. Er starrt auf den Brief in seinen Händen und sagt zu Coras Adresse gewandt: „Vielleicht, aber es ist ganz anders." „Anders als mit Cora?", hakt Theo ein. Er ist ungewöhnlich neugierig. „Nestel streckt die Hand nach der Wohnungstür aus, legt seine langen Finger auf die kühle Klinke. „Ja. Jule ist eine gute Freundin. Sie nimmt mich, wie ich bin." Nestel drückt langsam die Klinke herunter, während Theo gebannt auf seine Lippen starrt. „Und Cora?", fragt Theo fasziniert. Er ist von dem Thema nicht so leicht abzubringen. Nestel öffnet die Tür, steht nun auf den kleinen Treppenabsatz im fahlen Flurlicht, während Theo noch im Halbdunkel der Wohnung versteckt ist. „Cora hat mich verändert. Ob sie wollte oder nicht." Nestel macht eine kleine Pause und starrt das Treppengeländer an. Die ehemals braune Farbe ist verwaschen von den vielen Händen, die darüber geglitten sind. „Es war alles zu viel auf einmal", fügt Nestel hinzu. „Ach so", nickt Theo, wirft die Tür hinter sich ins Schloss und wendet sich der Treppe zu. Die Männer gehen die fünfzig Stufen nach unten, öffnen die Haustür mit Schwung und bleiben dann, wie um Witterung aufzunehmen, noch einen Moment im Hauseingang stehen. Erst dann gehen sie auf die Straße, wenden sich in Richtung Briefkasten, mit langen Schritten, beide den Kopf gesenkt. Frau Tördau, die wieder am Fenster lehnt, sieht auf die Uhr, schüttelt den Kopf und brummt „Komisch." Als die beiden Männer zehn Minuten später wieder zurückkommen, noch immer ganz beieinander gehend, als hätten sie es lange geübt im gleichen Rhythmus zu gehen, da fügt Frau Tördau zu ihrem Mann gewandt noch hinzu: „Also Karl-Heinz, eigentlich ist er ja irgendwie ganz sympathisch, der Herr Nestel." Aber ihr Mann hat sie nicht mehr gehört, denn der ist gerade vor dem Fernseher eingeschlafen.

Zum Autor des Nachworts:
Univ.-Prof. Dr.med CHRISTIAN EGGERS,
geb. 1938 in Geislingen, Facharzt für Kinder- und
Jugendpsychiatrie. Er leitete von 1979 bis 2004 die Kinder
und Jugendpsychiatrie am Univ.-klinikum in Essen, lehnte
in dieser Zeit zwei Rufe an die Universitäten Frankfurt/M.
und Zürich ab.
1997 Errichtung der „Prof. Dr. Christian Eggers-Stiftung".
Diese Stiftung hat die Trägerschaft für das Haus "Trialog",
einer Übergangseinrichtung für Jugendliche mit schizo-
phrenen Psychosen. Seit 1983 leitender akademischer Rat
der Humboldt-Gesellschaft für Wissenschaft, Kunst und
Bildung e.V.

Nachwort zu Verena Liebers „Nestel"
von Prof. Dr. med. Christian Eggers

Worum geht es in diesem Buch? Es geht um die Beschreibung eines Lebensausschnitts, der Lebensgestaltung eines liebenswerten Außenseiters. Und sogleich tritt die Frage auf: Gestaltet er sein Leben oder gestaltet sein Leben ihn?

Wie jeder von uns wird auch Nestel „hineingeworfen" in das Schicksal frühkindlicher Beziehungen mit seiner persönlichen Umwelt, und diese frühen Beziehungserfahrungen, so deutet sich an, sind für Nestel nicht glücklich gewesen, ja, sie sind missglückt, waren traumatisch und damit nachhaltig traumatisierend. Kann eine Mutter ihrem Kind eine schlimmere Verletzung zufügen, als mit ihrer immer wieder gemachten Äußerung: „Du bist ein Nichtsnutz. Warum ich dich Balg groß ziehe, weiß ich wirklich nicht?!" Ein solches Kind kann kein Gefühl des Okay-Seins entwickeln, im Gegenteil, es wird sich tatsächlich als wert- und nutzlos erleben, als lebens- und liebensunwert. Und das ist das Drama seiner Beziehungsgeschichte mit Cora, um die es hier zentral geht.

Nur mit dem gesellschaftlich erfolglosen Sozialhilfeempfänger Theodor kann Nestel so etwas wie eine Beziehung herstellen, kennzeichnenderweise bestehen diese Begegnungen in gegenseitigem Anschweigen. Aber Nestel fühlt sich hier viel sicherer als in der

Beziehung zu Cora, die er einmal in letzter Sekunde vor dem Suizid und einmal vor einer Gewalttat durch den eifersüchtigen Lebenspartner rettet. Offensichtlich liegt beiden Beziehungen, der zu Cora und der zu Theodor, eine unbewusste Identifikation zugrunde: Auf der einen Seite die Identifikation mit dem lebensmüden und extrem resignativen Anteil in Cora's Person – auf der anderen mit der Schwäche, Hilflosigkeit und passiven Abhängigkeit in der Person Theodors. Beide, Theodor und Cora, lehnen sich an Nestel an und scheinen unbewusst an ihn unerfüllbare Erwartungen hinsichtlich Geborgenheit, Sicherheit und Vertrauen zu stellen, Erwartungen, die dieser nicht erfüllen kann. Vor allem in Bezug auf Cora ist Nestel eindeutig überfordert, er spürt dies und beendet die Beziehung abrupt. Trotzdem bleiben beide in kollusiver Weise aneinander gebunden, auch nachdem sie sich getrennt haben, und es gibt ein groteskes Nebeneinander von Versuchen, sich an gemeinsamen Orten der unmittelbaren Vergangenheit zu treffen, gleichzeitig aber auch sich voreinander zu verbergen.

Immerhin konnte Nestel – zeitlich sehr begrenzt zwar – eine offenbar befriedigende, auch sexuelle Beziehung zu Cora halten, aber eben nur kurz, nur für wenige Wochen. Danach erfolgt der Rückzug in den sicheren Hafen der eintönigen Einsamkeit und der zwanghaft einsamen Rituale (Symbole der Gitterstäbe des von ihm selbst geschaffenen Gefängnisses). Sicherheit ist ihm alles, so äußert Nestel im Gespräch mit Jule einmal: „Konzentration bedeutet, dass die

Gedanken in Sicherheit sind." Dieser Rückzug in die Einsamkeit ist für Nestel deshalb so wichtig, weil Gesehen-werden für ihn gefährlich ist, er ist ja das *nicht-gesehene* Kind seiner Mutter. So erlebt er beim Betrachten einer Fotografie, die ihn als Kind zeigt, in seiner Fantasie Cora's Augen als glühende Eisenaugen, die ihn bedrohen.

Die kurze Beziehung zu Cora kommt für den Leser reichlich überraschend, man hätte sie ihm nicht zugetraut. Worin liegt diese Möglichkeit begründet? Vielleicht in der frühen Erfahrung, dass die Mutter auch positive, liebevollere Seiten hatte und ihren Sohn bei Kummer trösten konnte, aber eben nicht durchgängig und mit der für ein Kind unabdingbar notwendigen Konstanz und absoluten Verlässlichkeit. So bleibt eine bleibende Vulnerabilität bestehen, welche Nestels Angst begründet, durch andere verletzt zu werden. Im Grunde möchte er „das Kind bleiben, das von den Verletzungen der Welt nichts wusste".

Nestel ist in der Tat ein in seiner Ungewöhnlichkeit liebenswerter Außenseiter, eine Antifigur, ein Antistar in unserer uniformen, gesichtslosen Gesellschaft. Er hat Freude am Gewöhnlichen, Alltäglichen, Gegenwärtigen – er ist ein gegen-wärtiger Mensch, der sich existentiell dem Augenblick aus-setzt, sich ihm hingibt. Damit hat er einen hohen Grad an innerer Reife erlangt. Sie befähigt ihn, ein durchaus erfolgreicher Künstler zu sein, dem es allerdings um alles andere als um Ruhm, Geld und Anerkennung geht.

Nestel ist sicher eine „zerklüftete" Persönlichkeit mit zahlreichen inneren Brüchen und Widersprüchen. Der psychiatrisch geschulte Leser könnte versucht sein, Nestel als eine autistoid-schizoide Persönlichkeit mit zwanghaften Zügen zu etikettieren, würde damit jedoch dem Reichtum und der Facettenvielfalt von Nestel's Persönlichkeit nicht gerecht. Etikettierungen, so beliebt sie sowohl im Alltag als auch in den Psychowissenschaften sind, eignen sich ohnehin eher für Marmeladengläser, keinesfalls aber für Menschen – die negative Zuschreibung wäre übrigens eine Wiederholung frühkindlicher Interaktionserfahrungen mit der Mutter.

Das Buch von Verena Liebers ist ein Aufruf zur wohlwollenden und respektvollen Akzeptanz des anderen in seiner Eigenart, also recht eigentlich zur Toleranz.

Christian Eggers, Essen

Weitere Bücher im
SALON *Literatur*VERLAG

GÁBOR GÖRGEY: **Sirene der Adria**, Der 1. Roman aus dem Zyklus „Der letzte Bericht von Atlantis" des vielfach ausgezeichneten ungarischen Schriftstellers. 2000 in Ungarn mit dem Buch-des-Jahres-Preis ausgezeichnet. Mit einem Vorwort des Nobelpreisträgers Imre Kertész. Ca. 250 Seiten, Gebunden, Riffelpapier, Preis: 19,80 EUR, ISBN 3-9809635-0-0.

VERENA LIEBERS: **Das Schattenmädchen**, Roman über eine ungewöhnliche Liebe. Wer ist Nova? In Novas Körper wohnen noch weitere Personen. Ist eine solche Liebe möglich. Nur langsam wird das Geheimnis Novas sichtbar, bis Wahrheit, Befreiung und Tod auf dramatische Weise zueinander finden. 201 Seiten, Geb., Riffelpapier, Preis: 17,20 EUR. ISBN 3-9805759-4-2.

VERENA LIEBERS: **Kleine Welt**, Fünf Erzählungen, die einfühlsam und bewegend den menschlichen Alltag beschreiben. Mit der preisgekrönten Geschichte um Ignaz Püttering, den Mann, der für alles zu klein ist - sagt seine Frau. 170 Seiten, Gebunden, Riffelpapier, Preis: 13,50 EUR. ISBN 3-9805759-3-4.

CHRISTA DEGEN: **Eine Frau, ein Mann, eine Frau**, Kurzroman über zwei Frauen und einen Mann, die aus ihren bisherigen Leben ausbrechen und sich in das Berlin der Wendezeit stürzen. Für kurze Zeit können sie sich von allen Belastungen freimachen. Aber das Glück ist ein leuchtender Komet, der sie nur streift und sich dann wieder entfernt. Pb, Preis: 11,80 EUR. ISBN 3-9809635-8-6.

ELFIE A. VETTER: **Bastard**, die Geschichte von Marie, um deren Herkunft stets ein großes Familiengeheimnis aufgebaut wurde. „Es ist Krieg", sagt ihre Großmutter, und „du hast Glück, während andere Väter fallen, hast du gleich zwei Väter." Marie will Gewissheit.

Elfie A. Vetters Sprache ist verdichtet, gedrängt, manchmal schier atemlos ... (Stefan Mühleisen, SZ)
128 Seiten, handgeb., Preis. 18,90 EUR.
ISBN 3-9809653-7-8

ILIO TOGNONI: **Eine italienische Begebenheit**, der autenthische Fall des jungen italienischen Künstlers Franco, der wegen 4o unterschlagener Bücher im Wert von ca. 300 EUR für mehr als zehn Jahre ins Gefängnis muss. Ein ergreifendes Dokument über Ungerechtigkeit, Hoffnung und Liebe. 128 Seiten, Gebunden, Riffelpapier, Preis: 14,50 EUR. ISBN 3-9805759-6-9.

EMILIO BORCHI, RENZO MACII, GIACOMO RICCI: **Barsanti & Matteucci, die Väter des Verbrennungsmotors**. Die Geschichte des Verbrennungsmotors reicht weit zurück ins 19. Jahrhundert. Vor mehr als 150 Jahren wurde der Grundstein für die weltweite Motorisierung gelegt, die heute ganz wesentlich mit dem Namen Nikolaus A. Otto verbunden wird. Tatsächlich aber wurden bereits 10 Jahre vor dem berühmten Deutschen die wichtigsten Grundlagen für die Entwicklung des Verbrennungsmotors gelegt. Eugenio Barsanti und Felice Matteucci waren hier bahnbrechend. Das Buch erzählt eindrucksvoll die Entwicklung des Motors, das Schicksal seiner Erfinder und die persönliche Tragik der beiden kongenialen Personen, die zum Niedergang und zum Vergessen ihrer historischen Erfindung geführt haben.
192 Seiten, Gebunden, Ln, Schutzumschlag. Mit zahlreichen Dokumenten und Bildern. Preis: 49,00 EUR.
ISBN: 3-9809635-6-X

F.W.FUNGARTE: **Zeit der Krebse**, Sieben exemplarische Erzählungen, z.B. „Sisyphus´ Traum" - der Generalsekretär der Vereinten Nationen in der Rolle des modernen Sisyphus. 240 Seiten, Gebunden, Schutzumschlag, Preis: 16,50 EUR. ISBN 3-9805759-1-8.